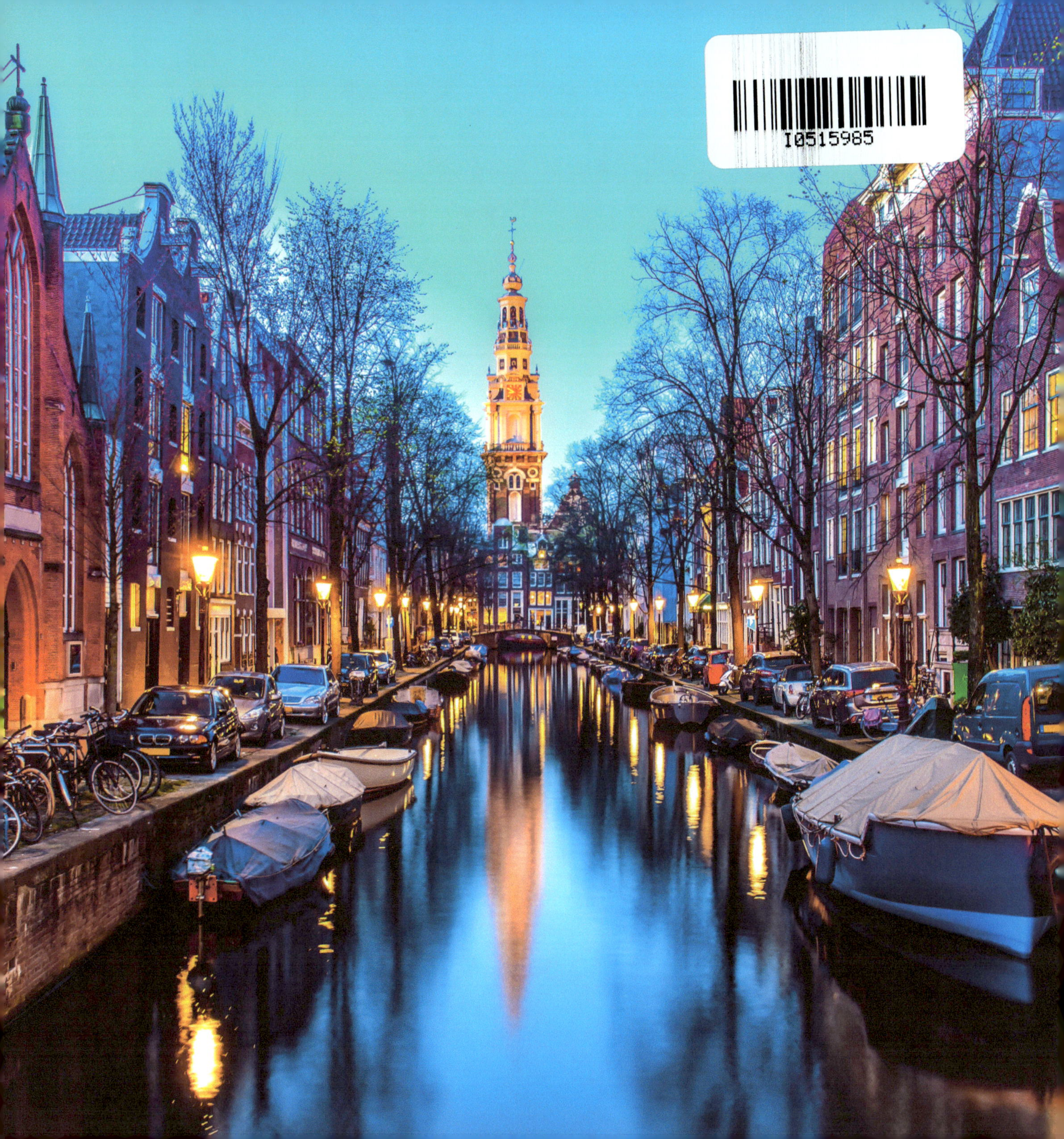

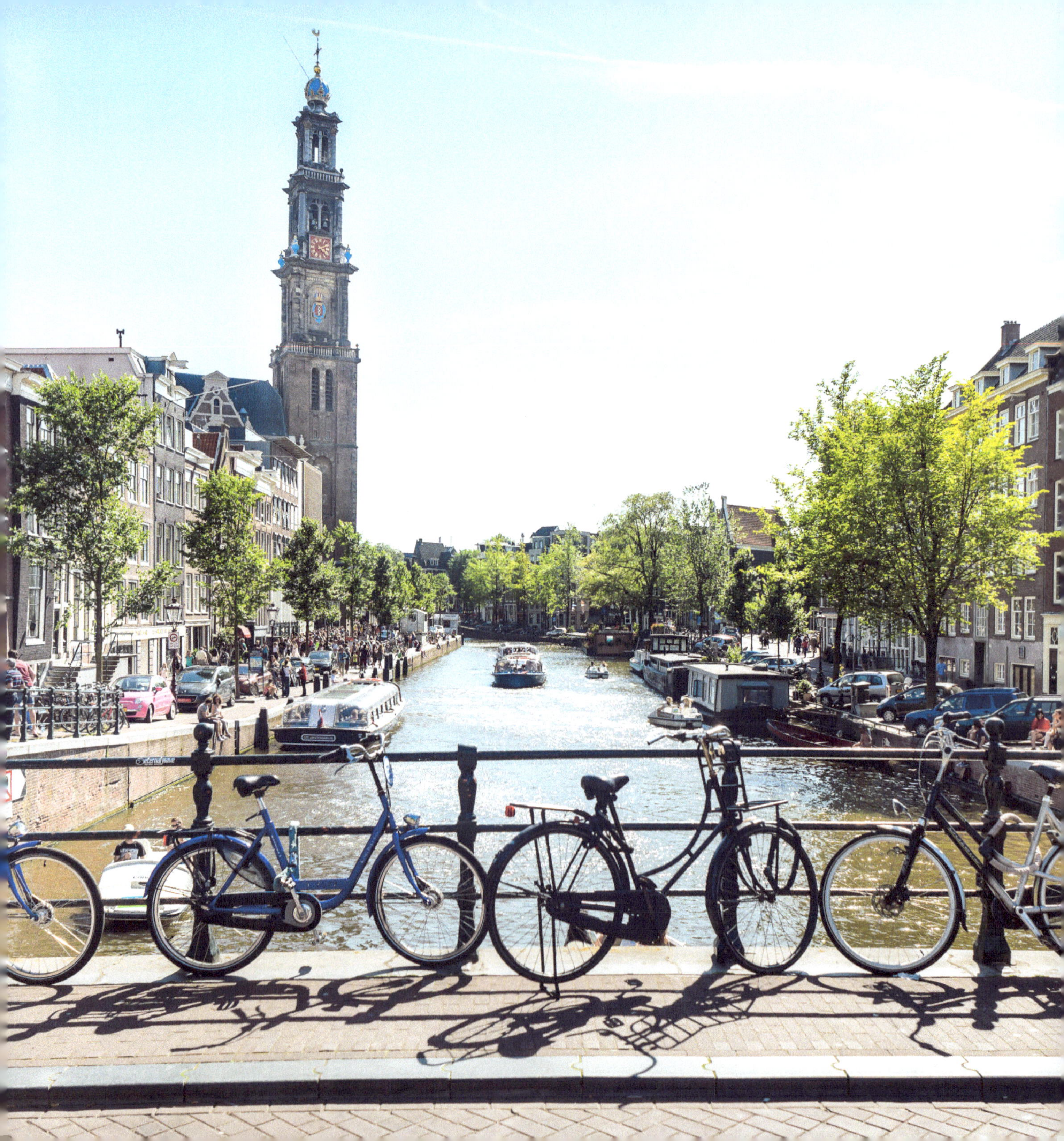

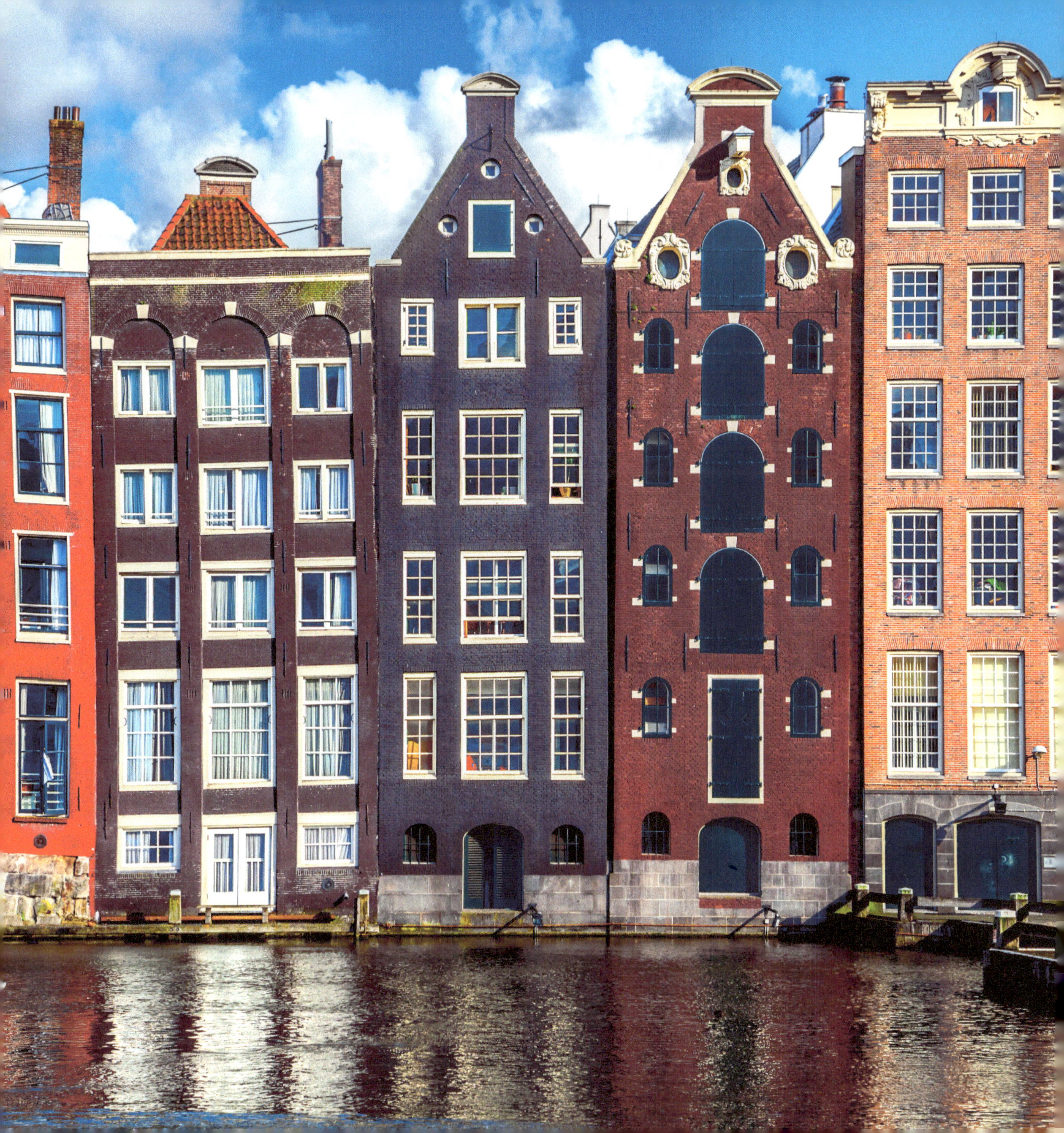

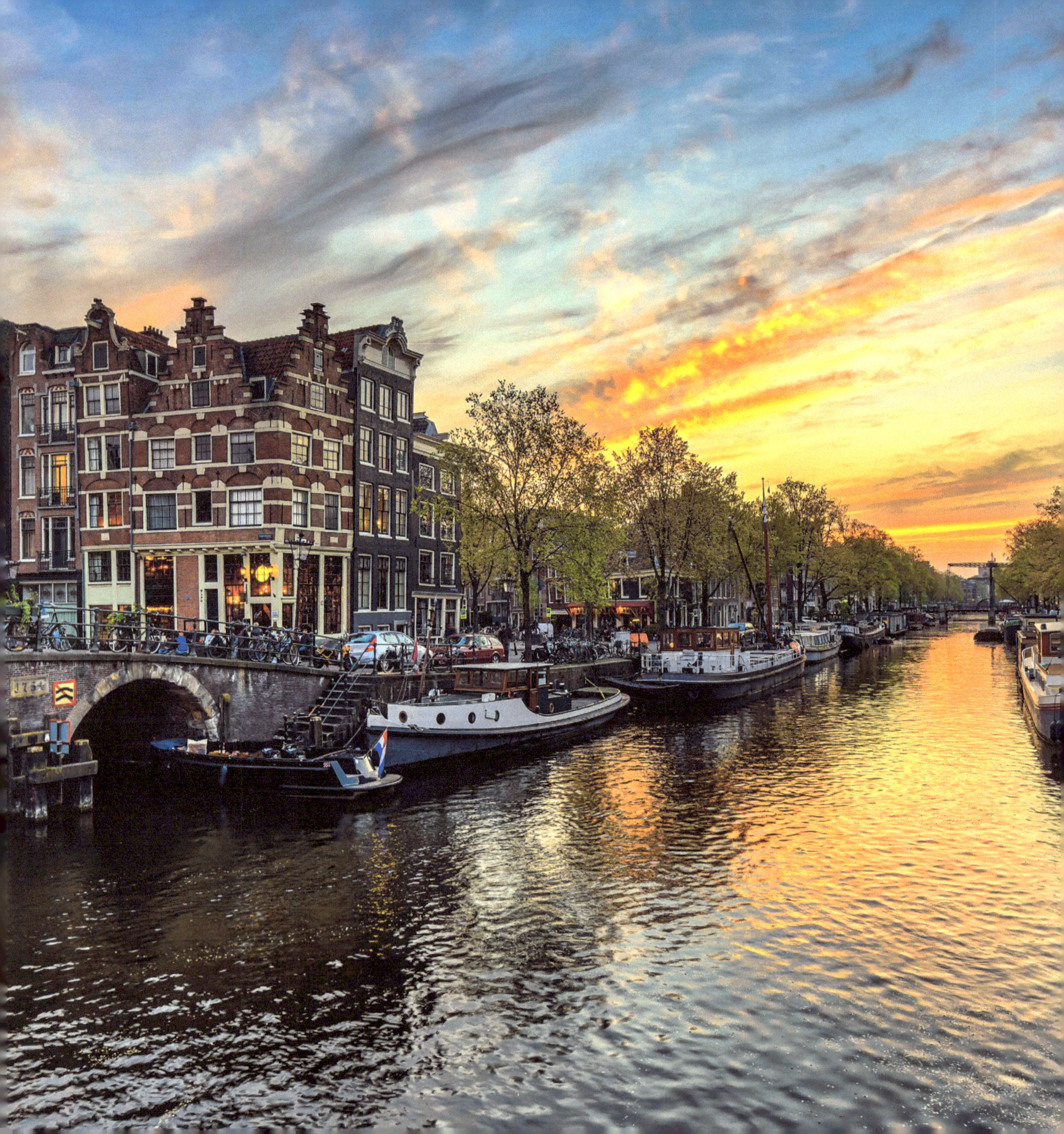

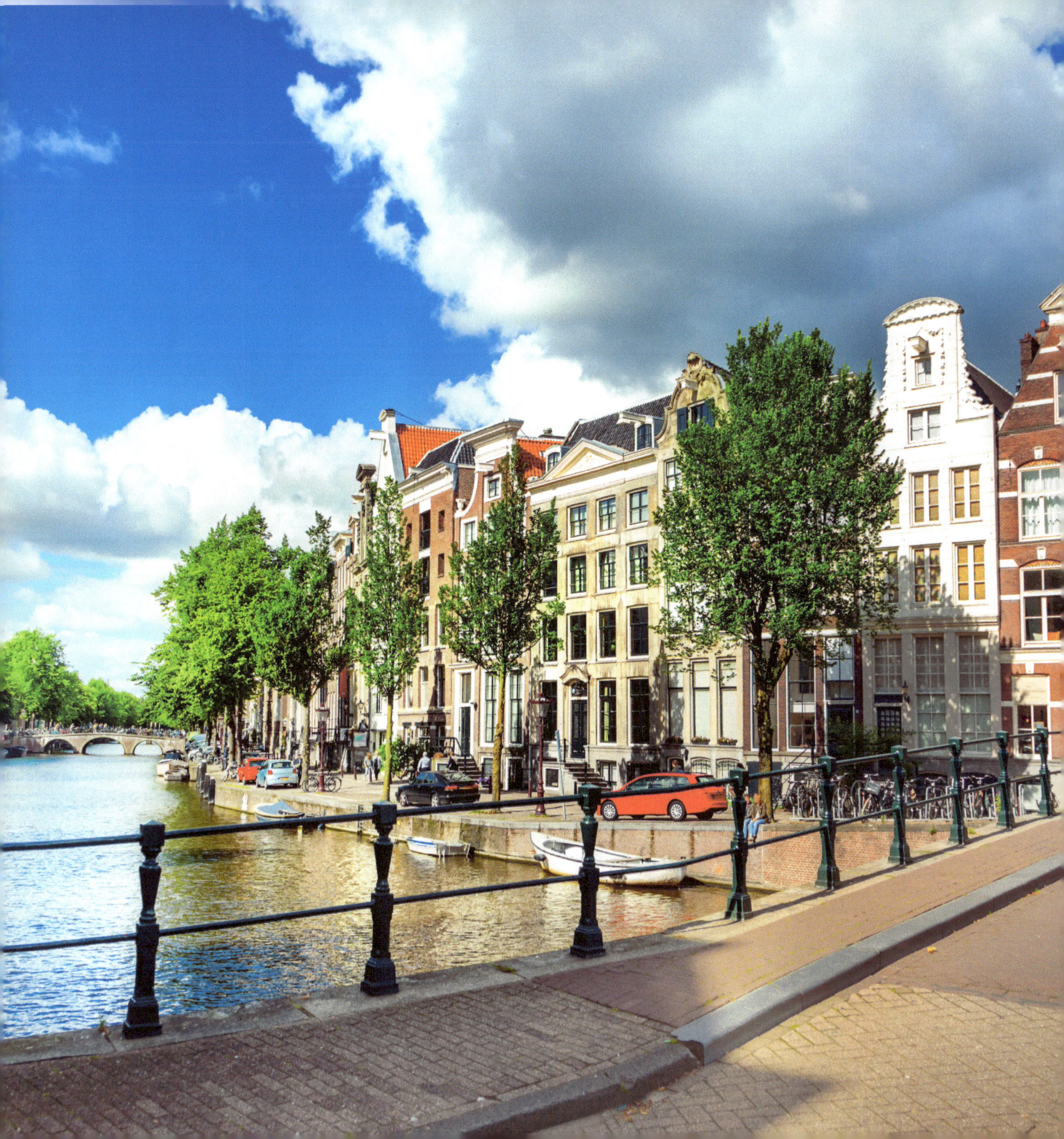

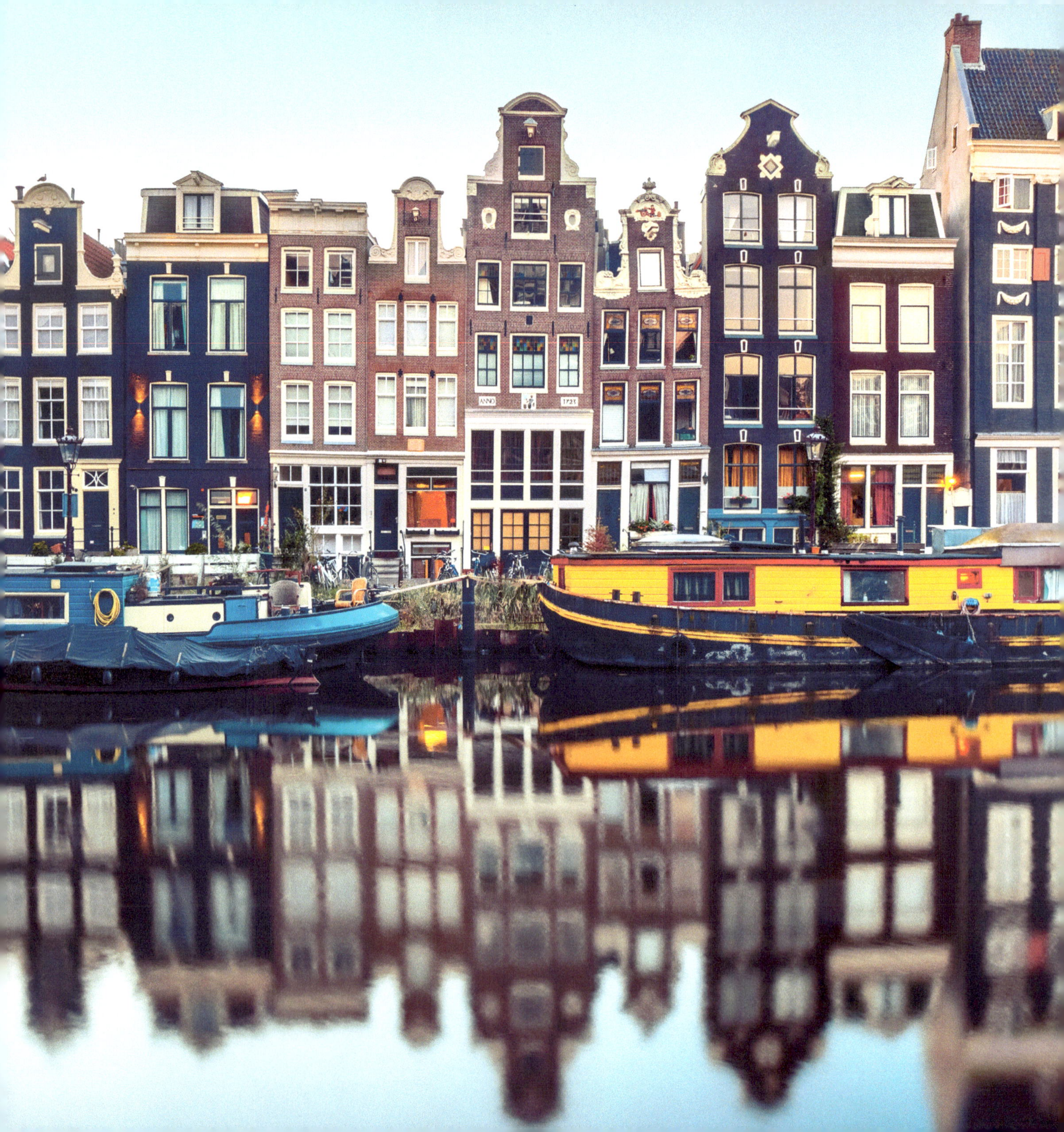
ANNO
1723

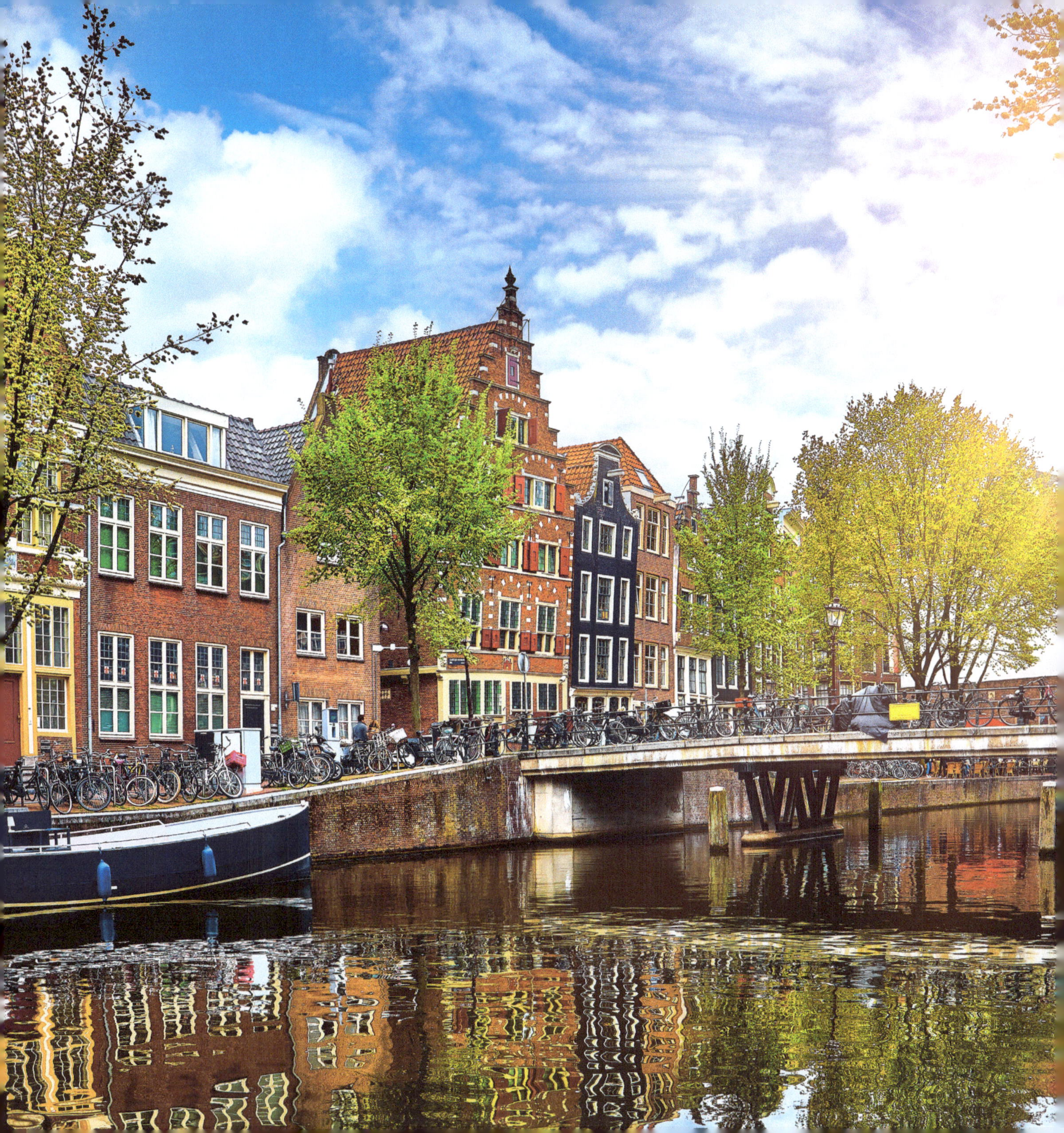

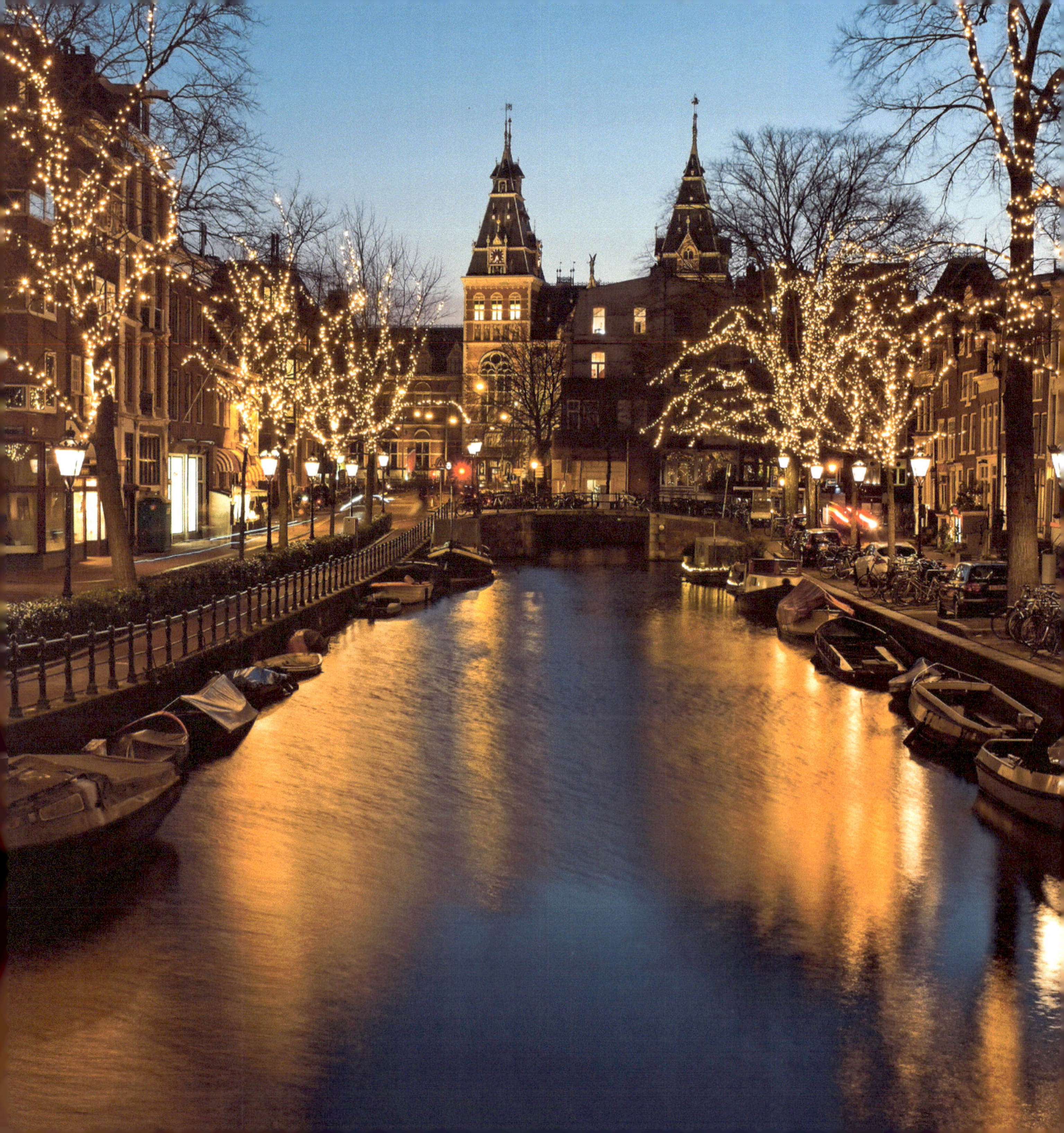

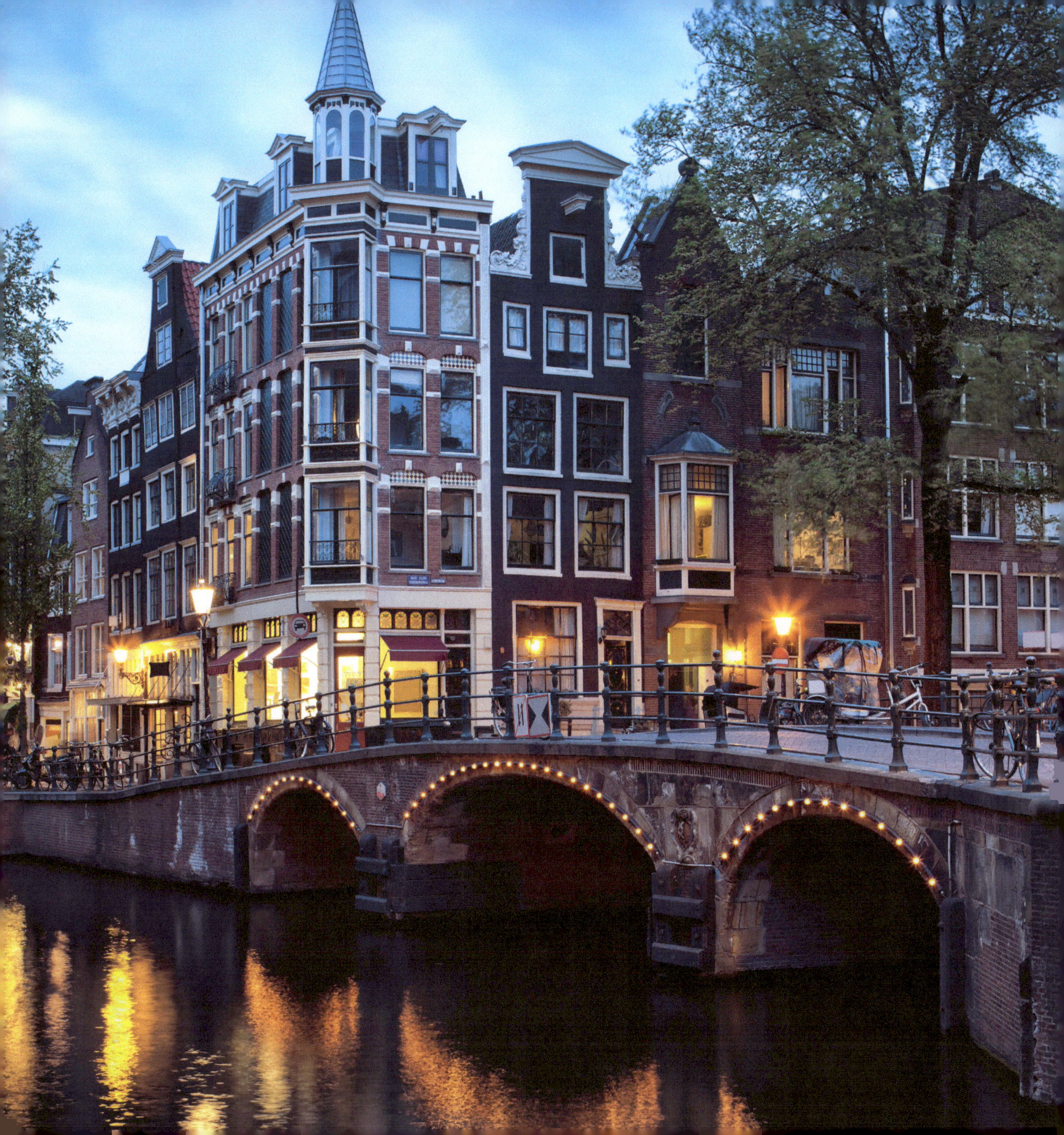

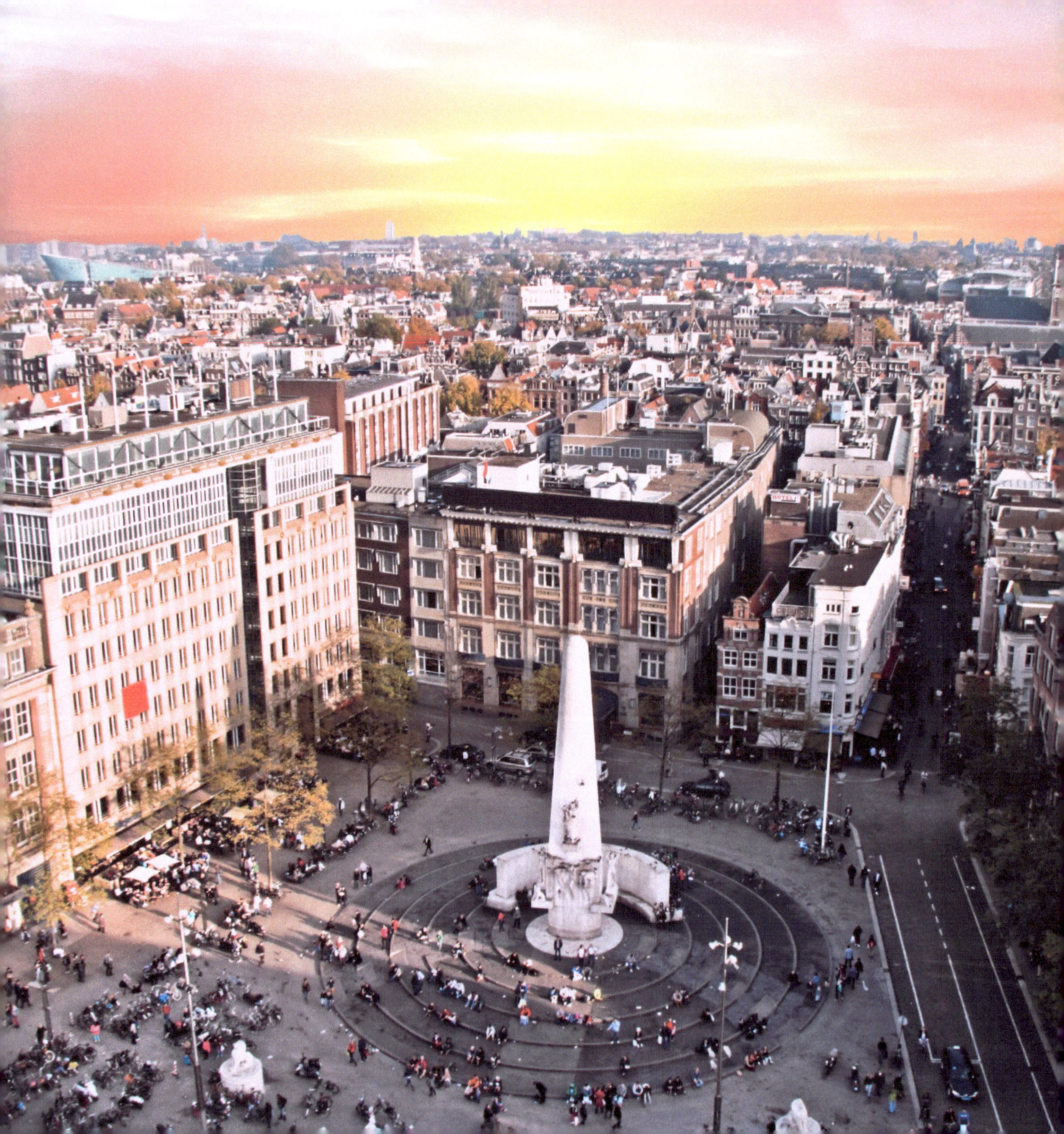

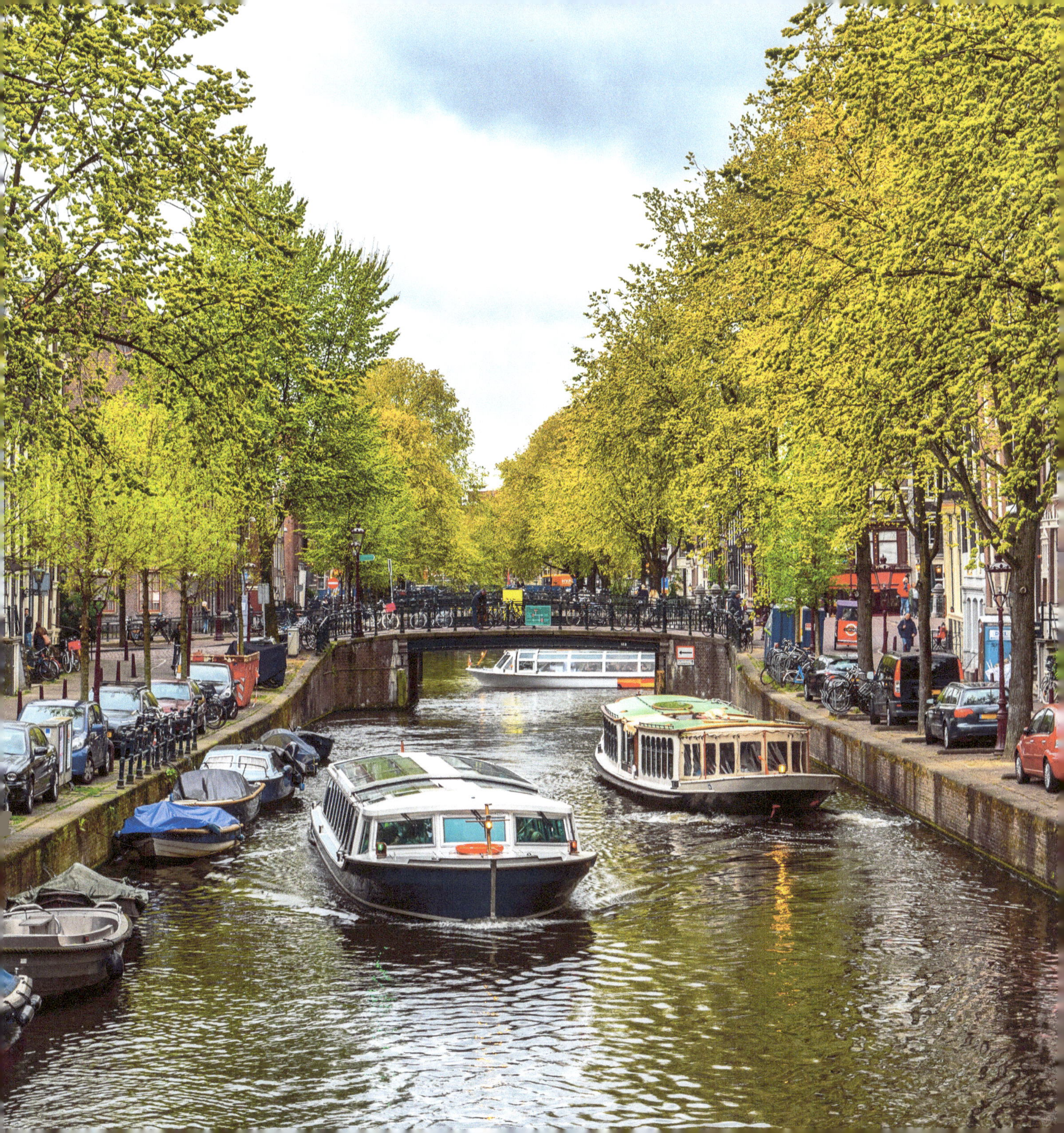

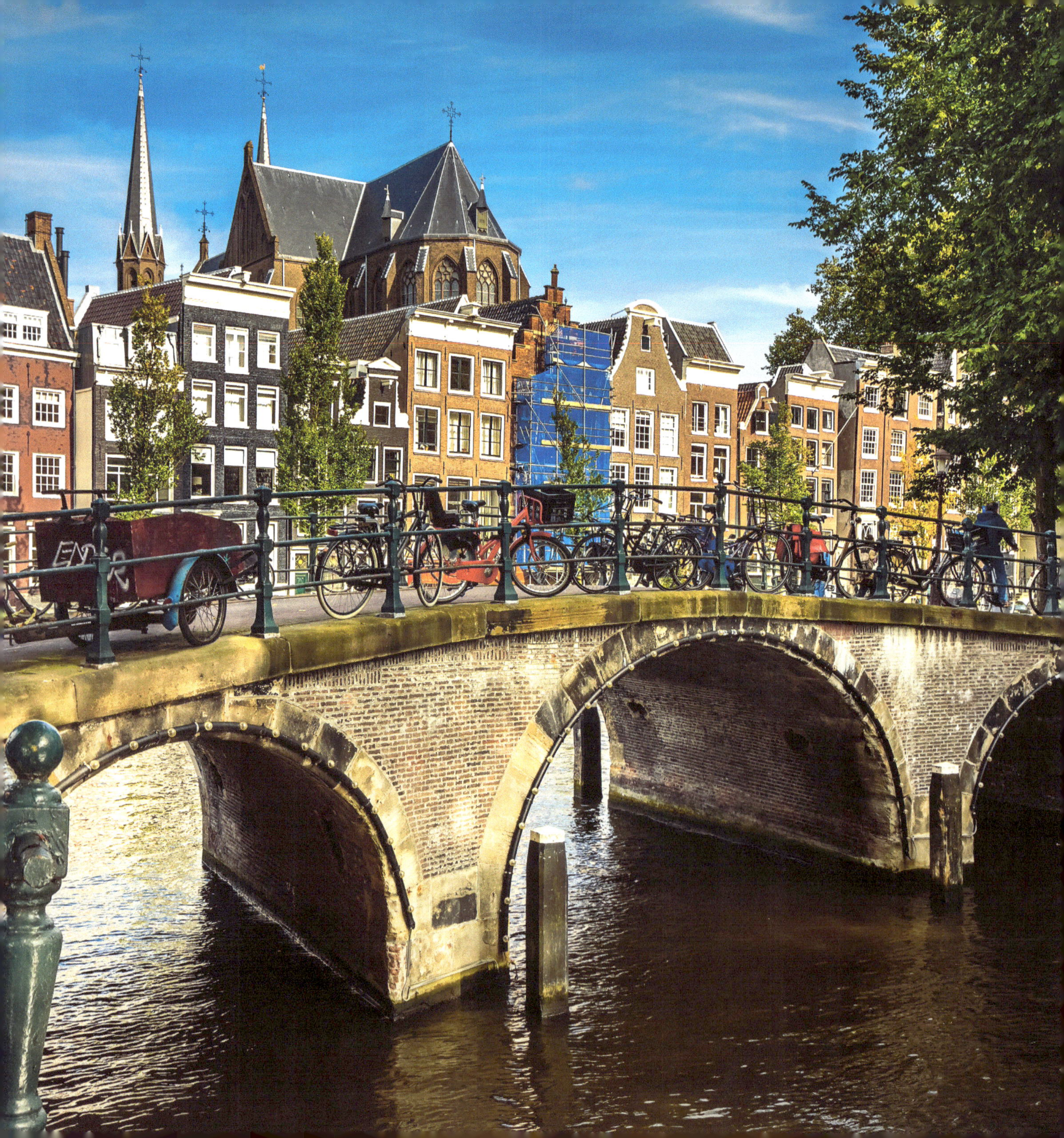

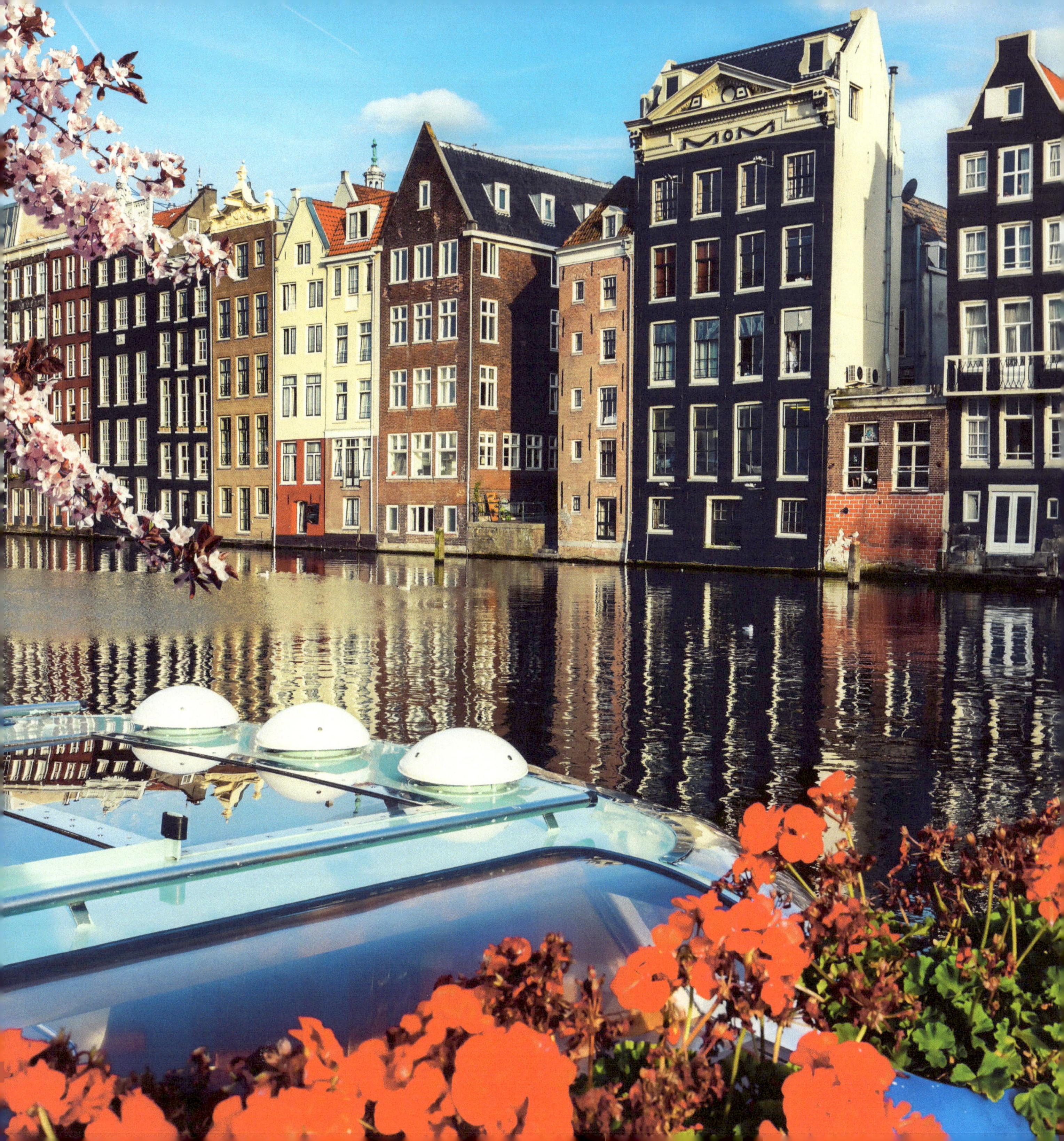

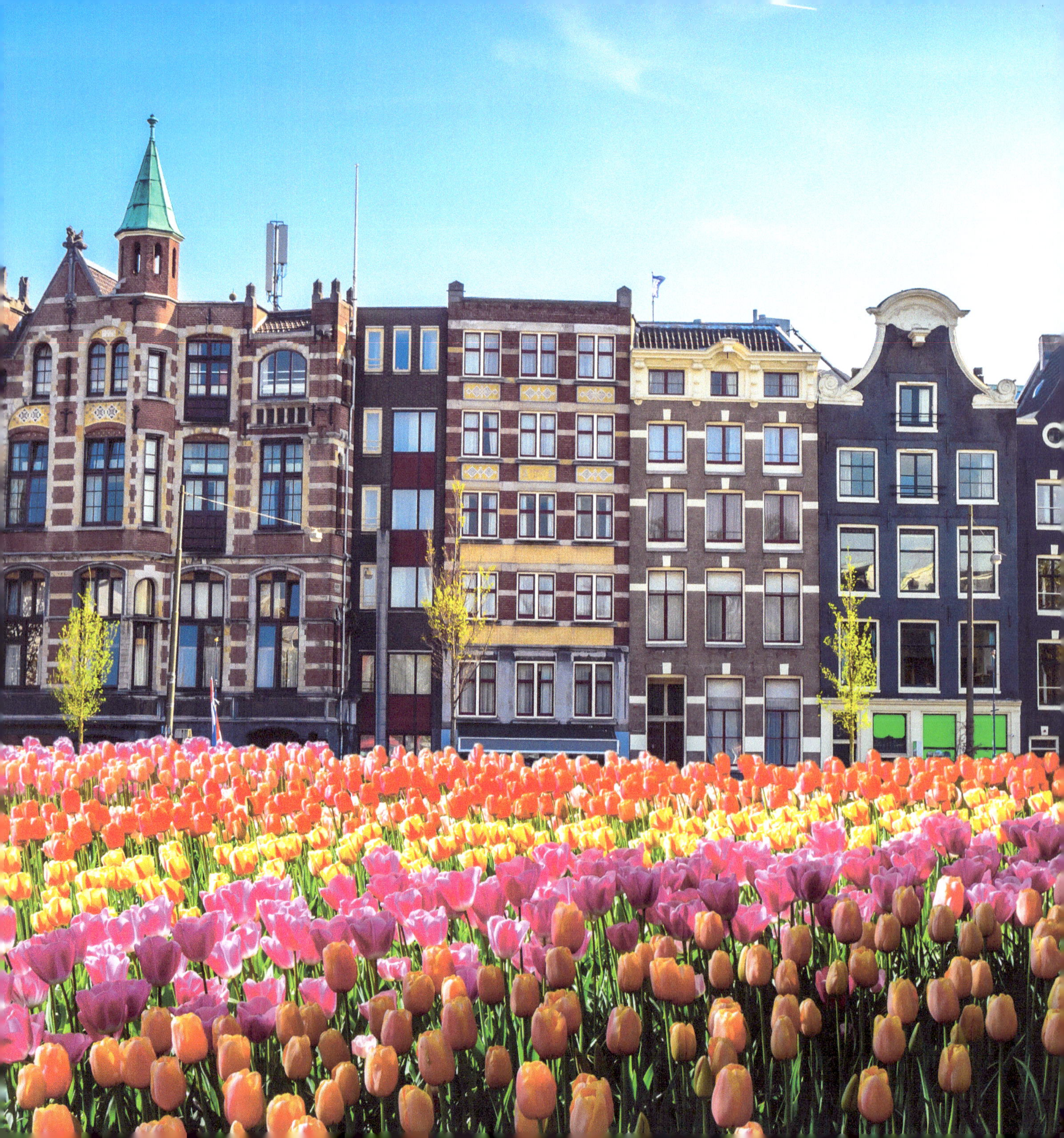

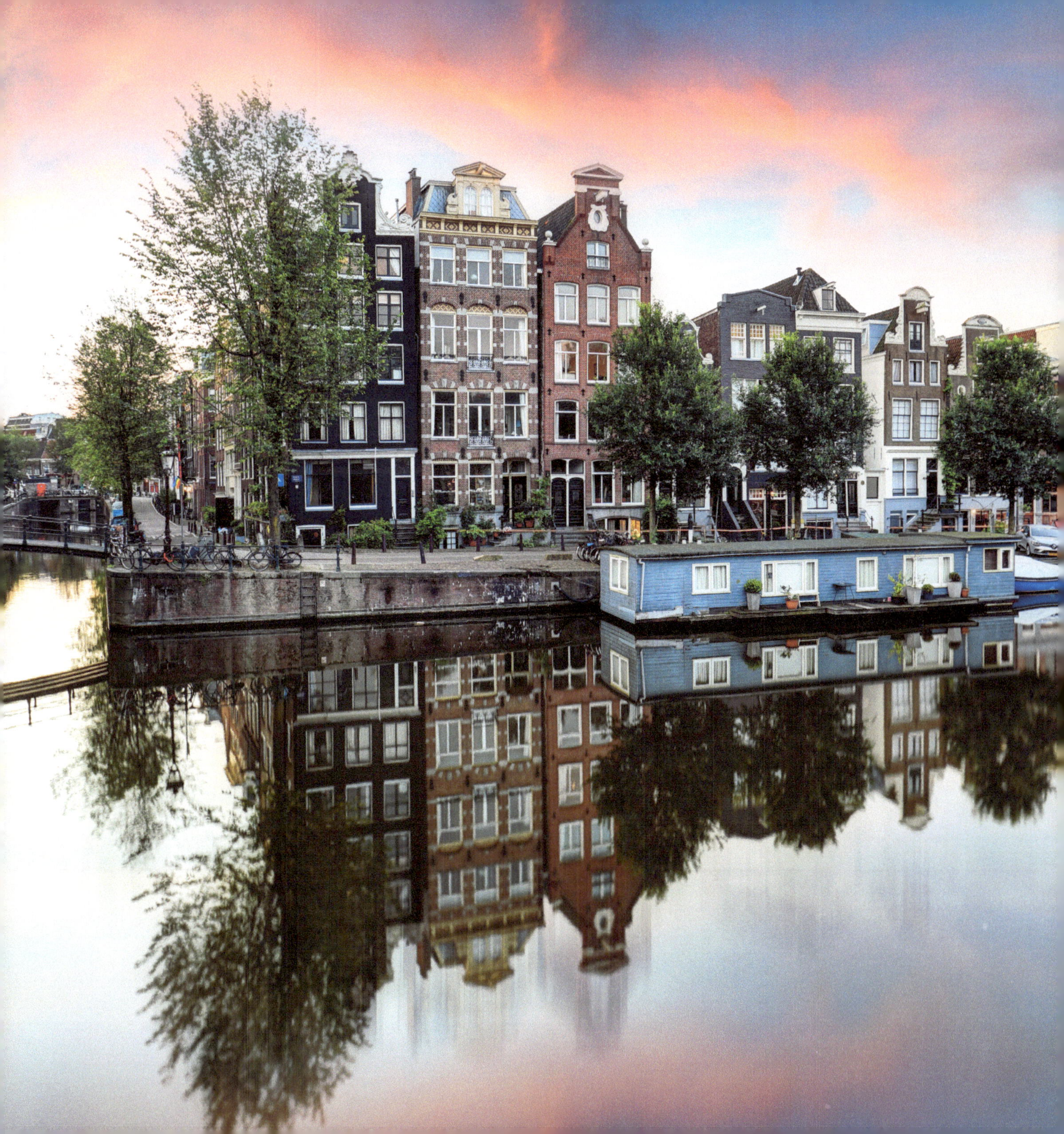

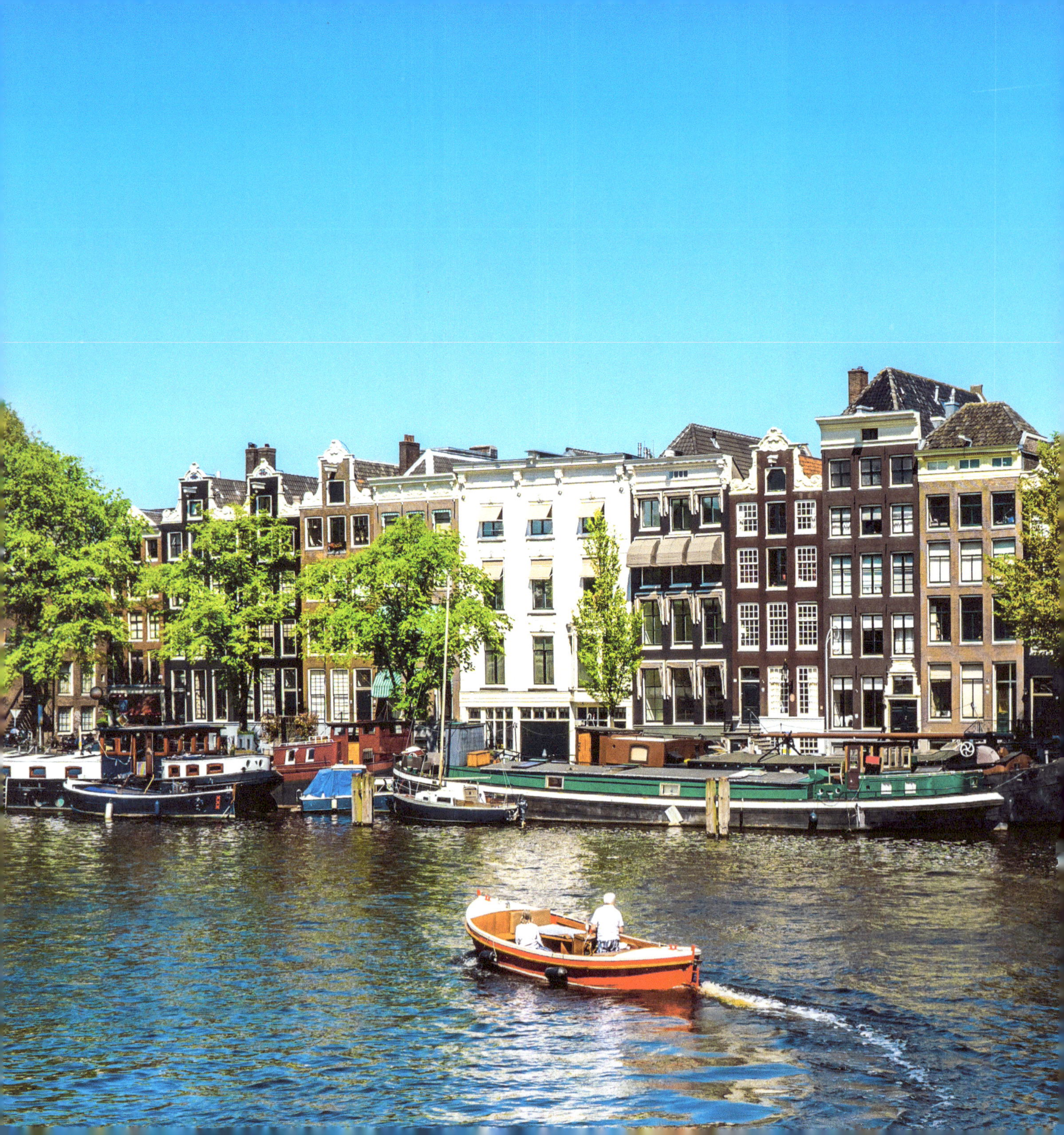

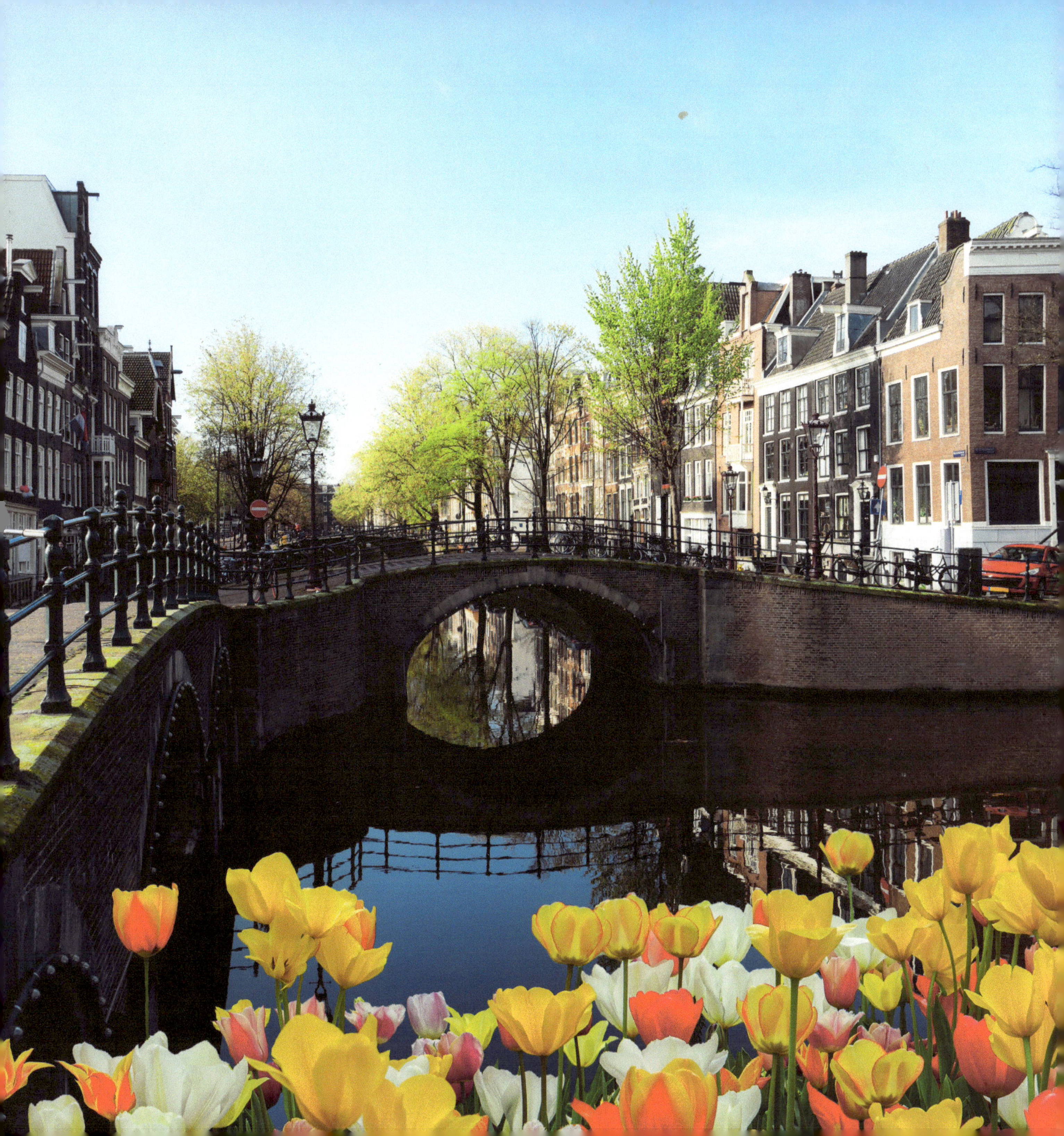

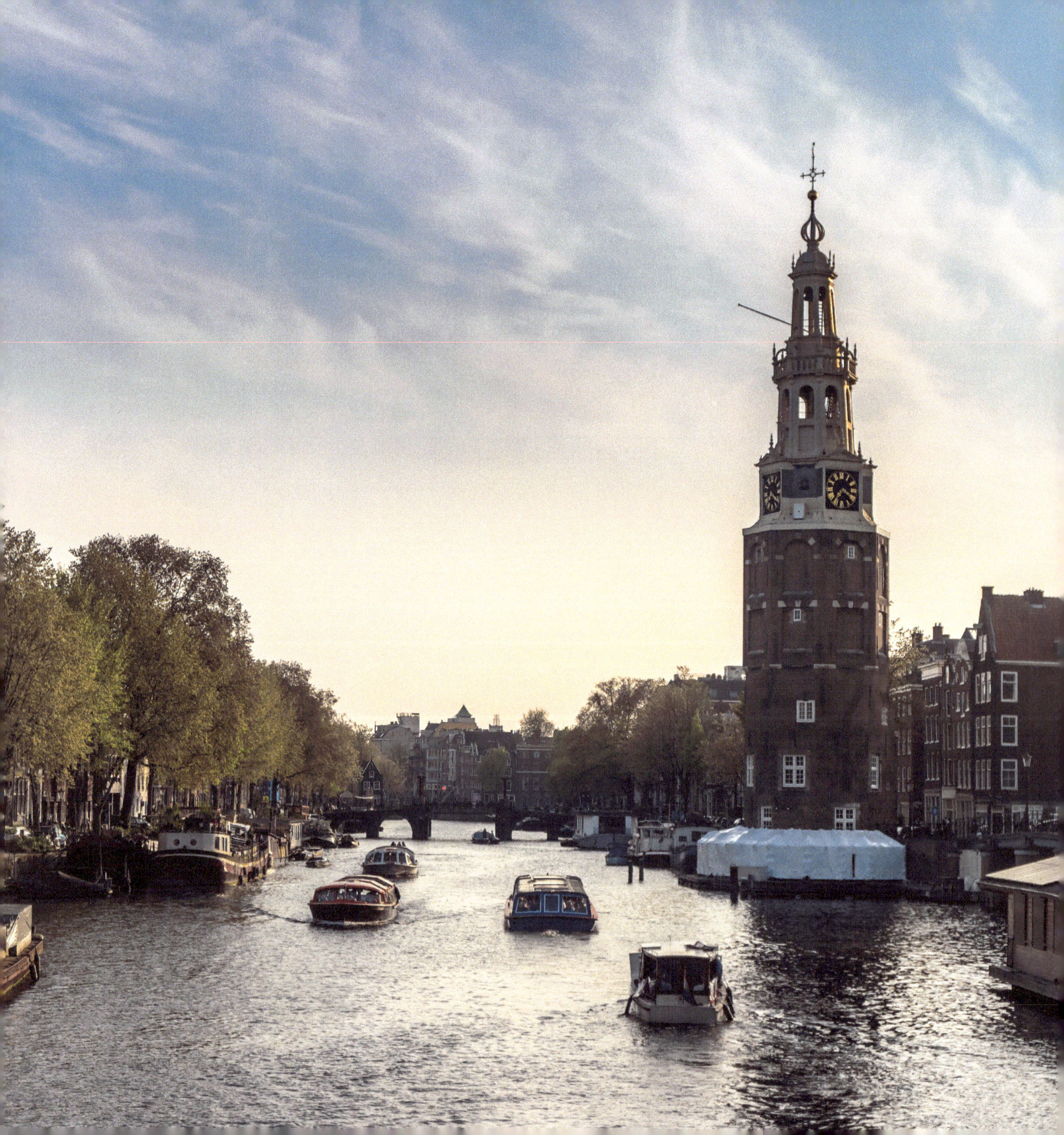

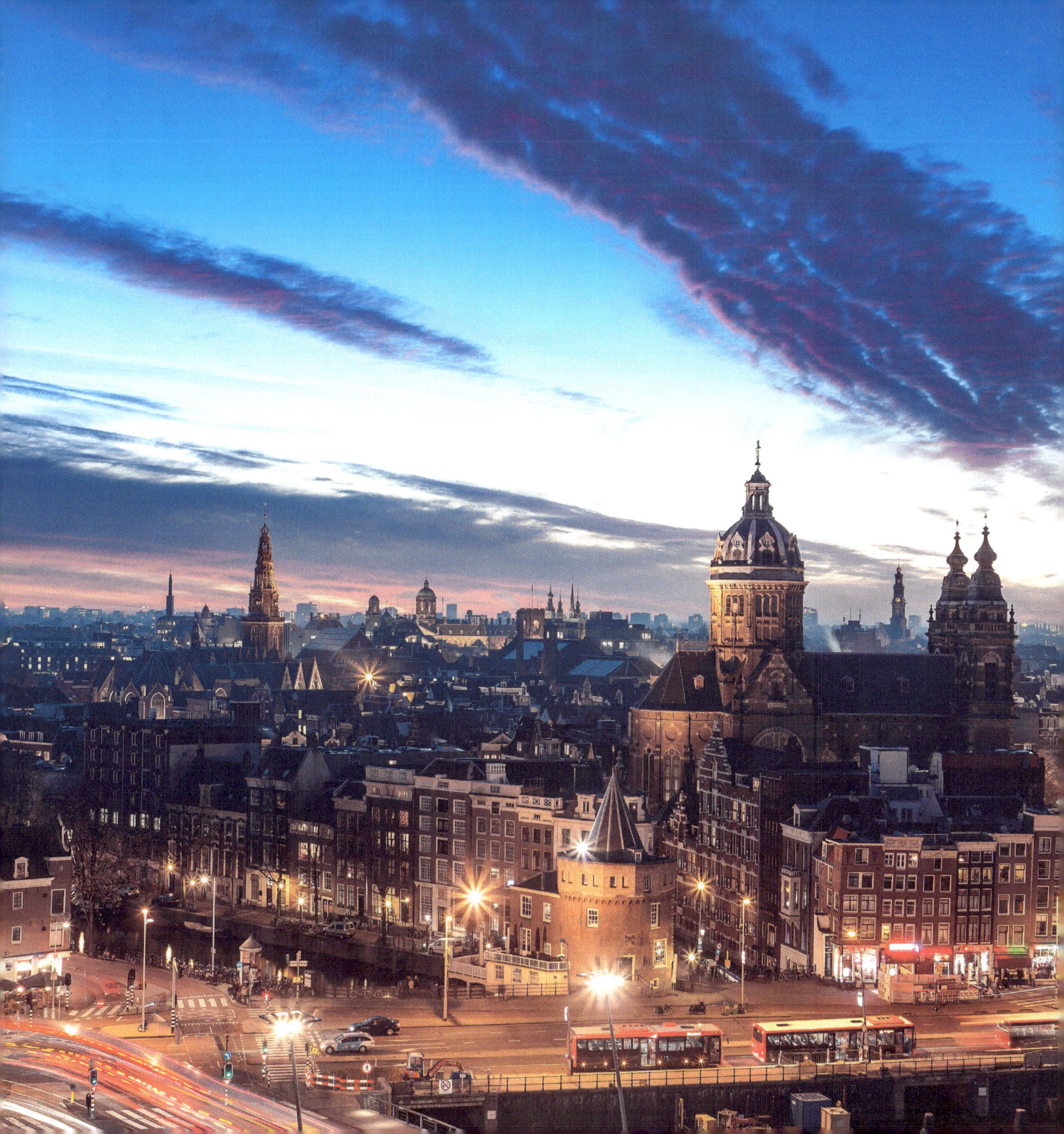

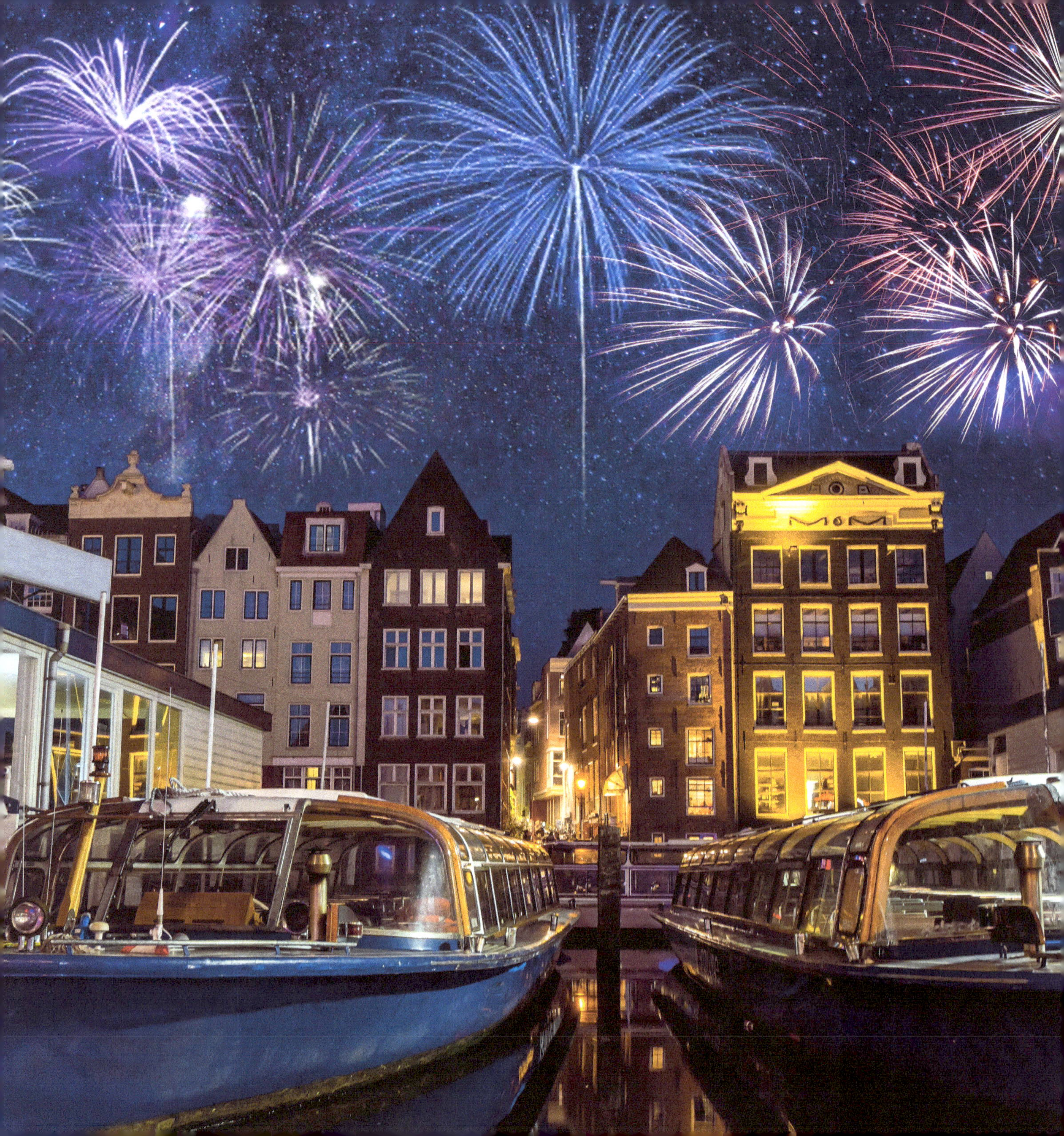

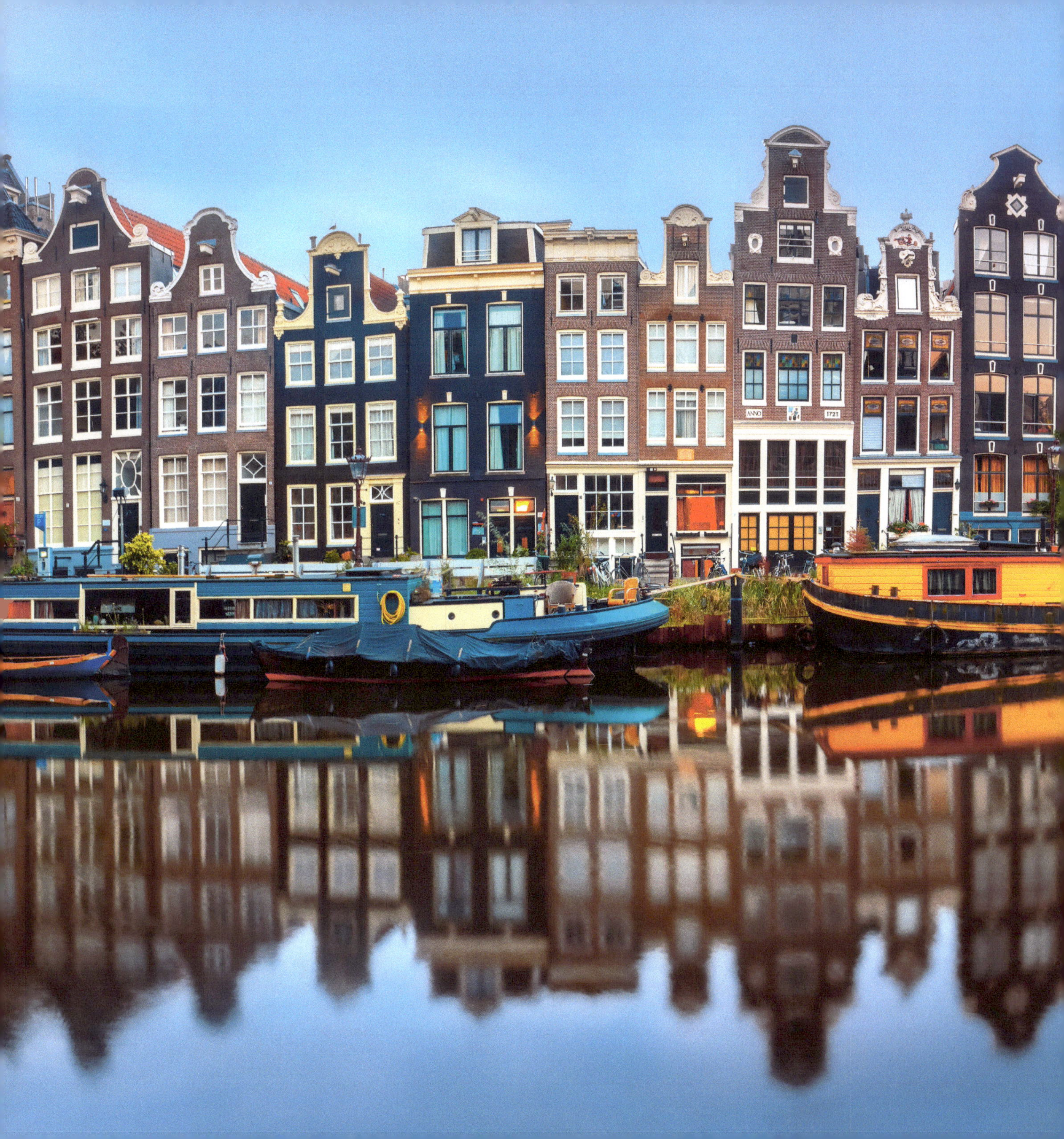
ANNO
1723

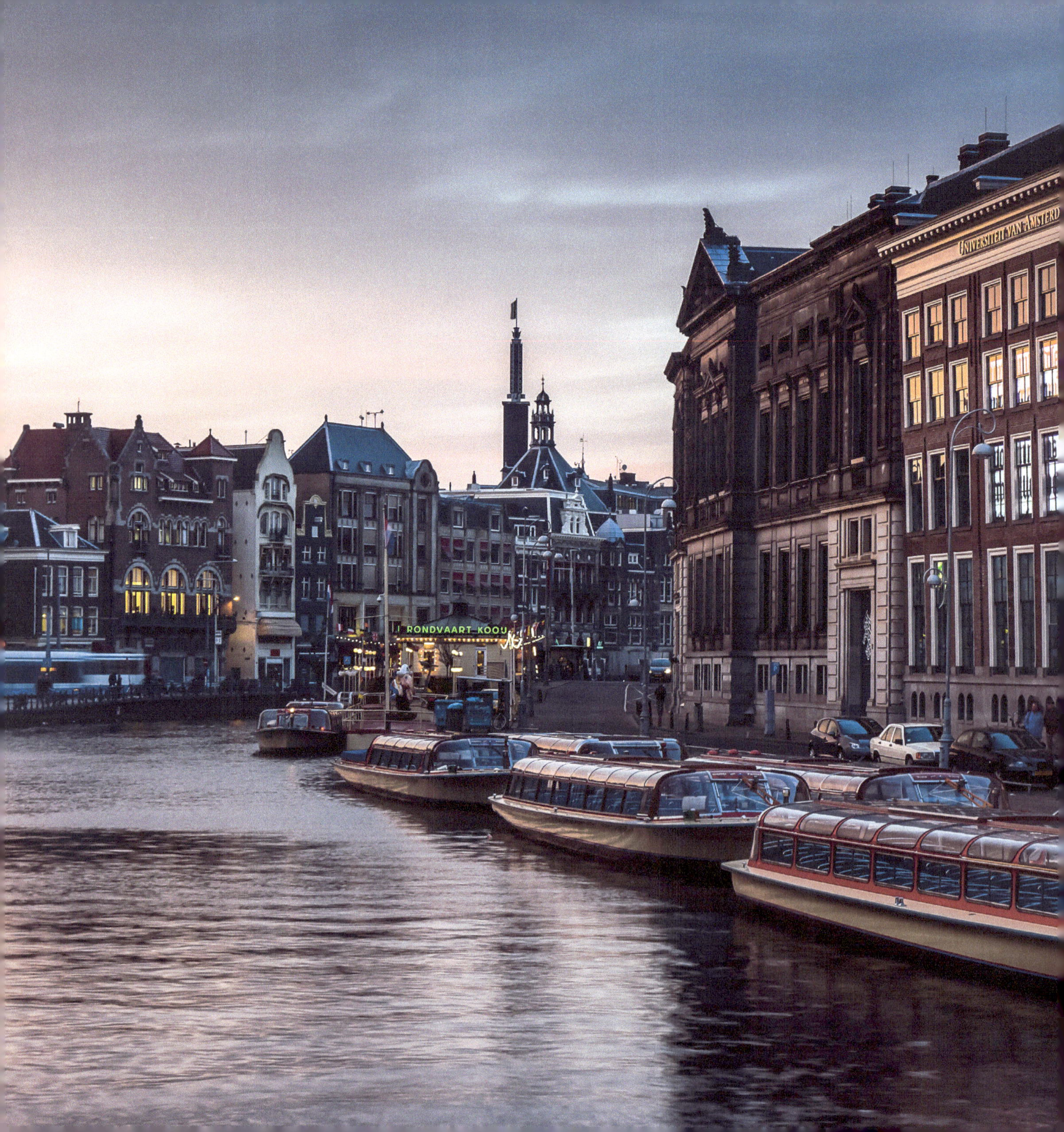
UNIVERSITEIT VAN AMSTERD
RONDVAART

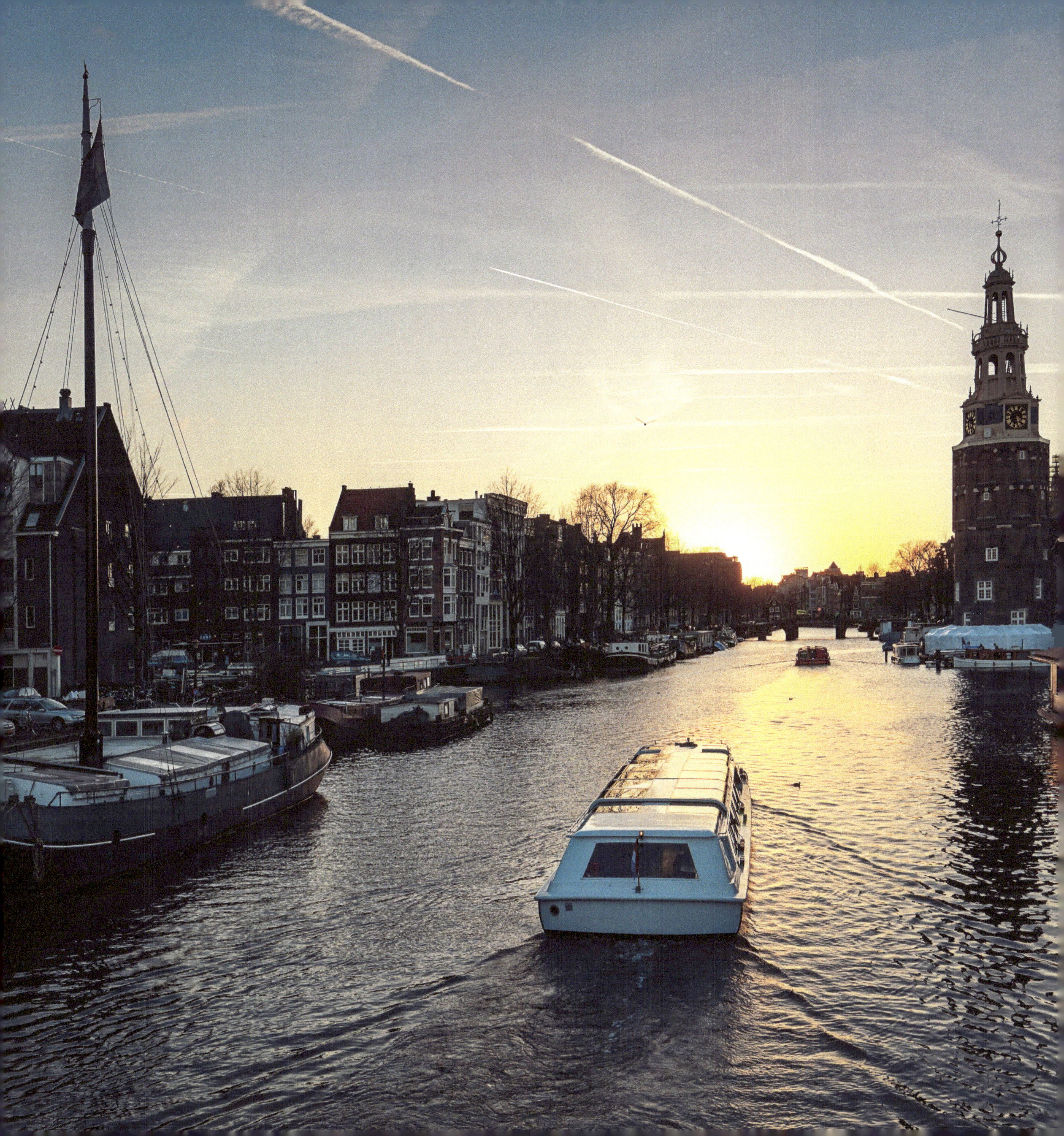

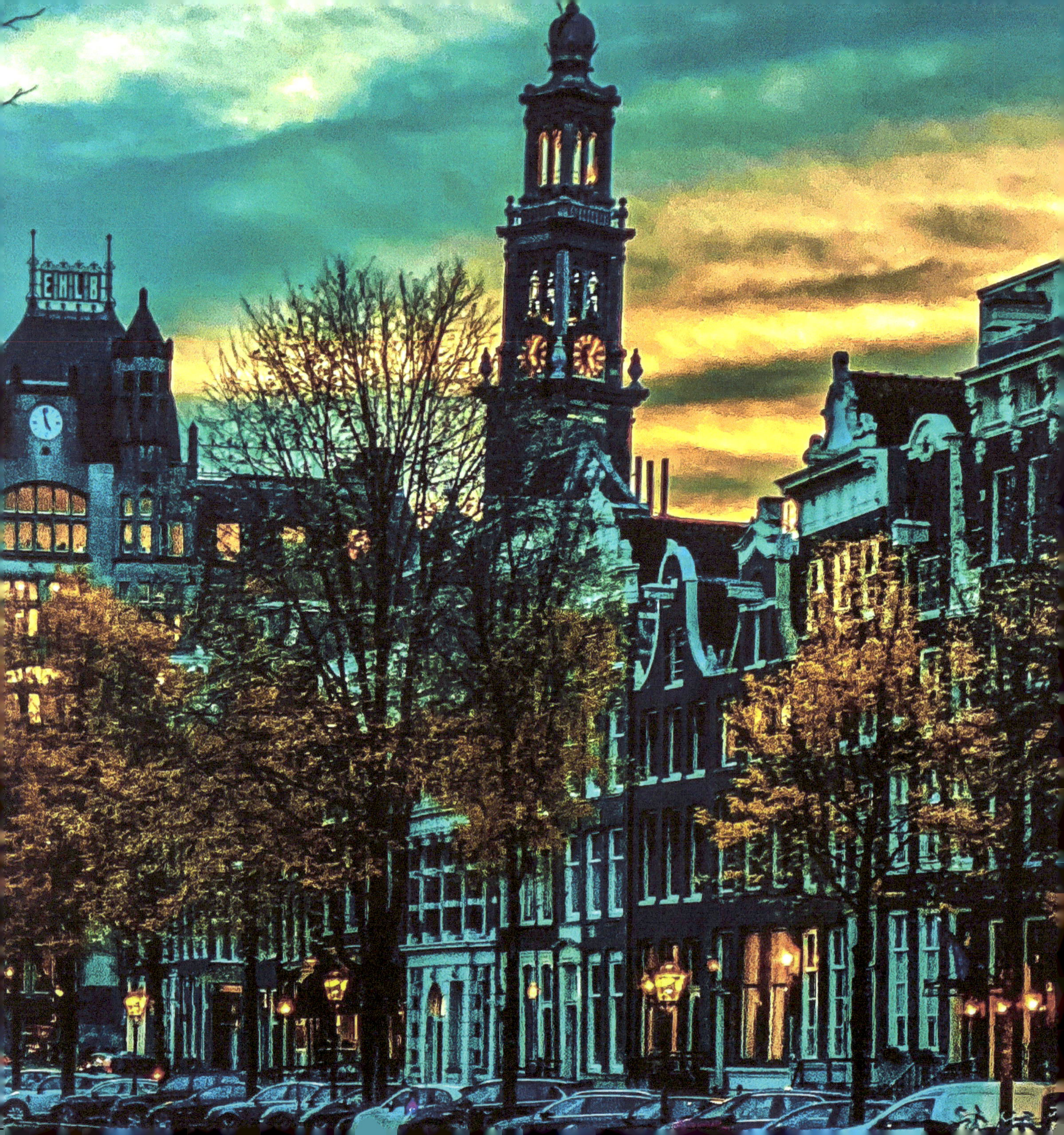

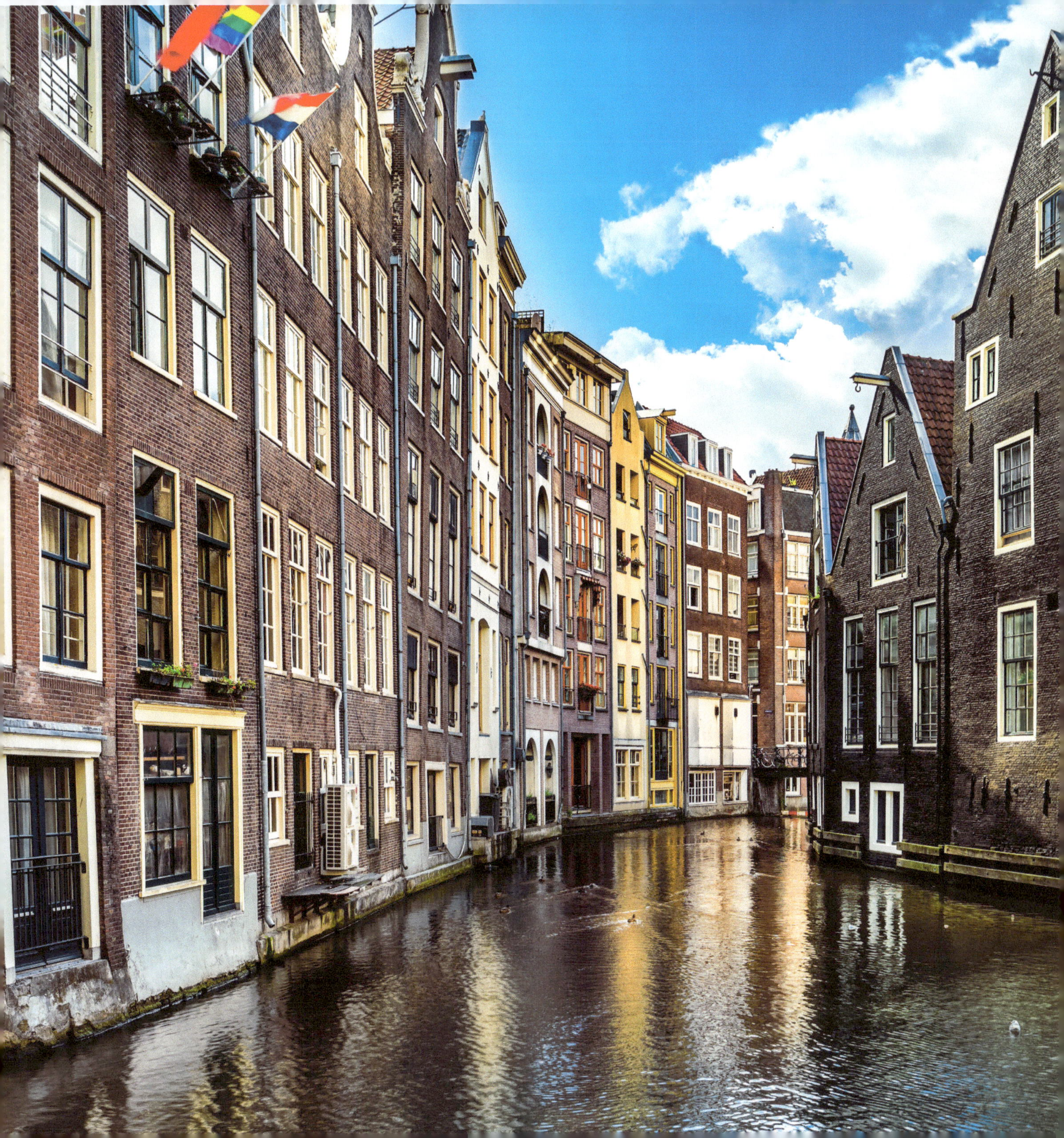

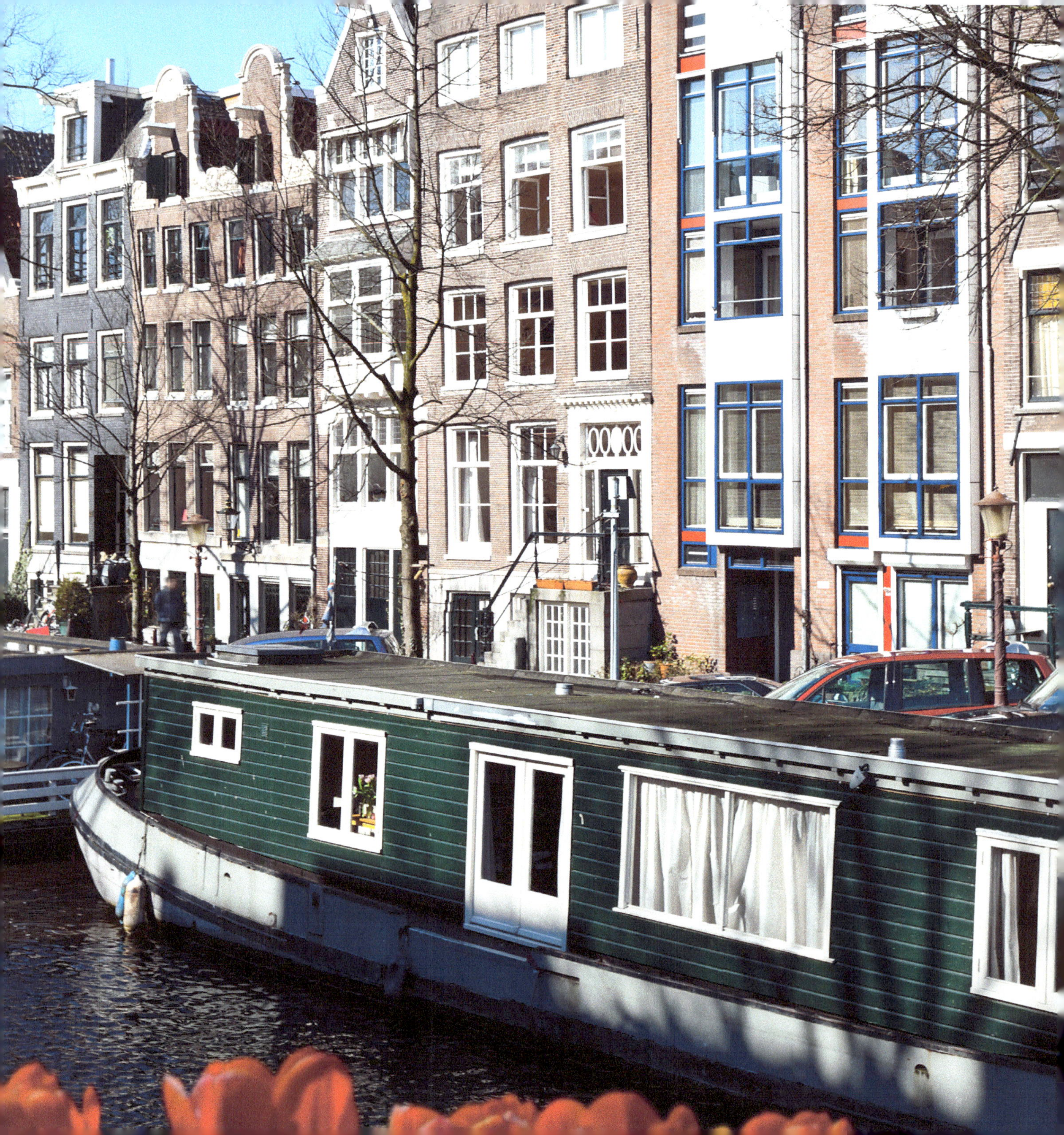

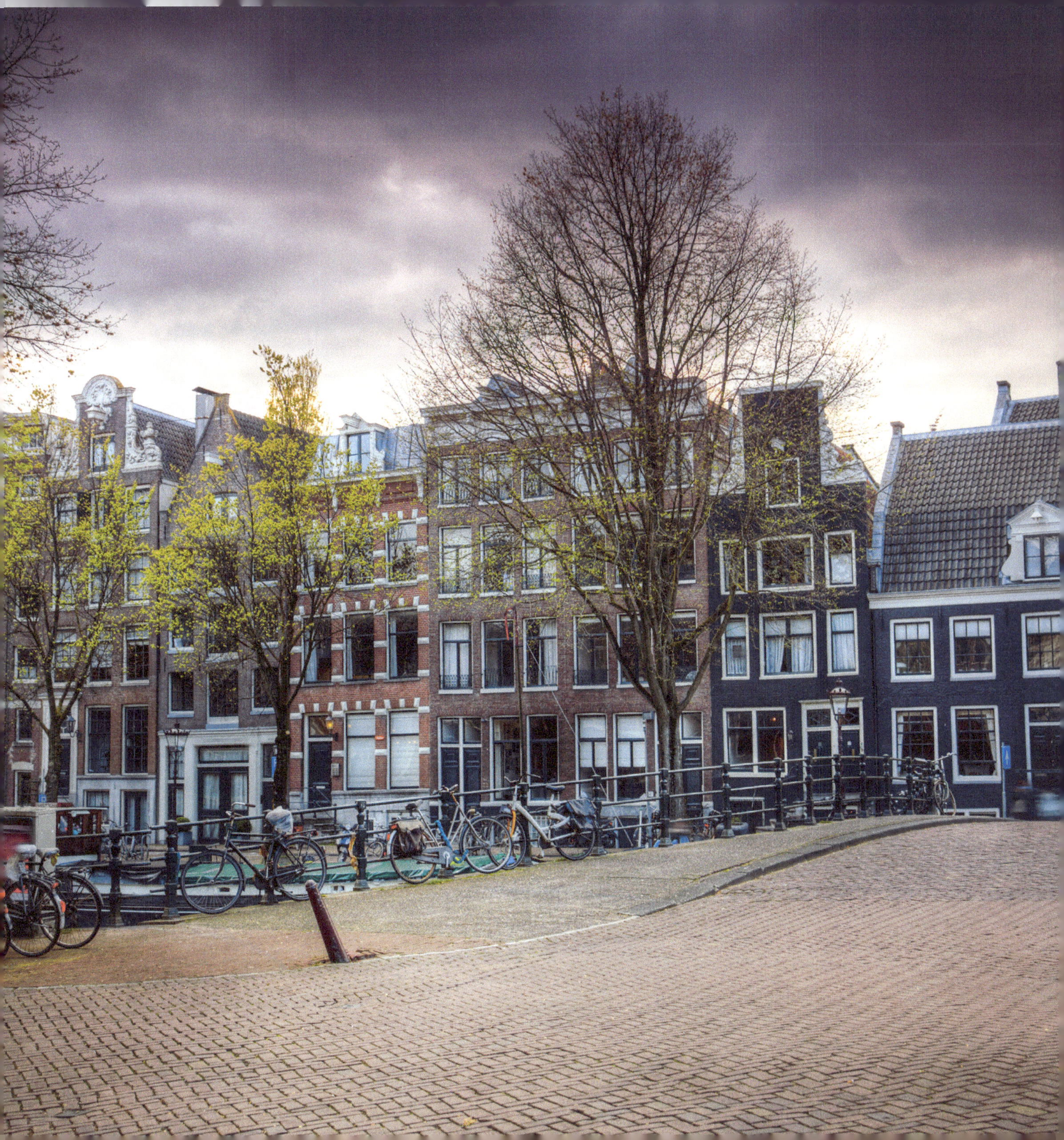

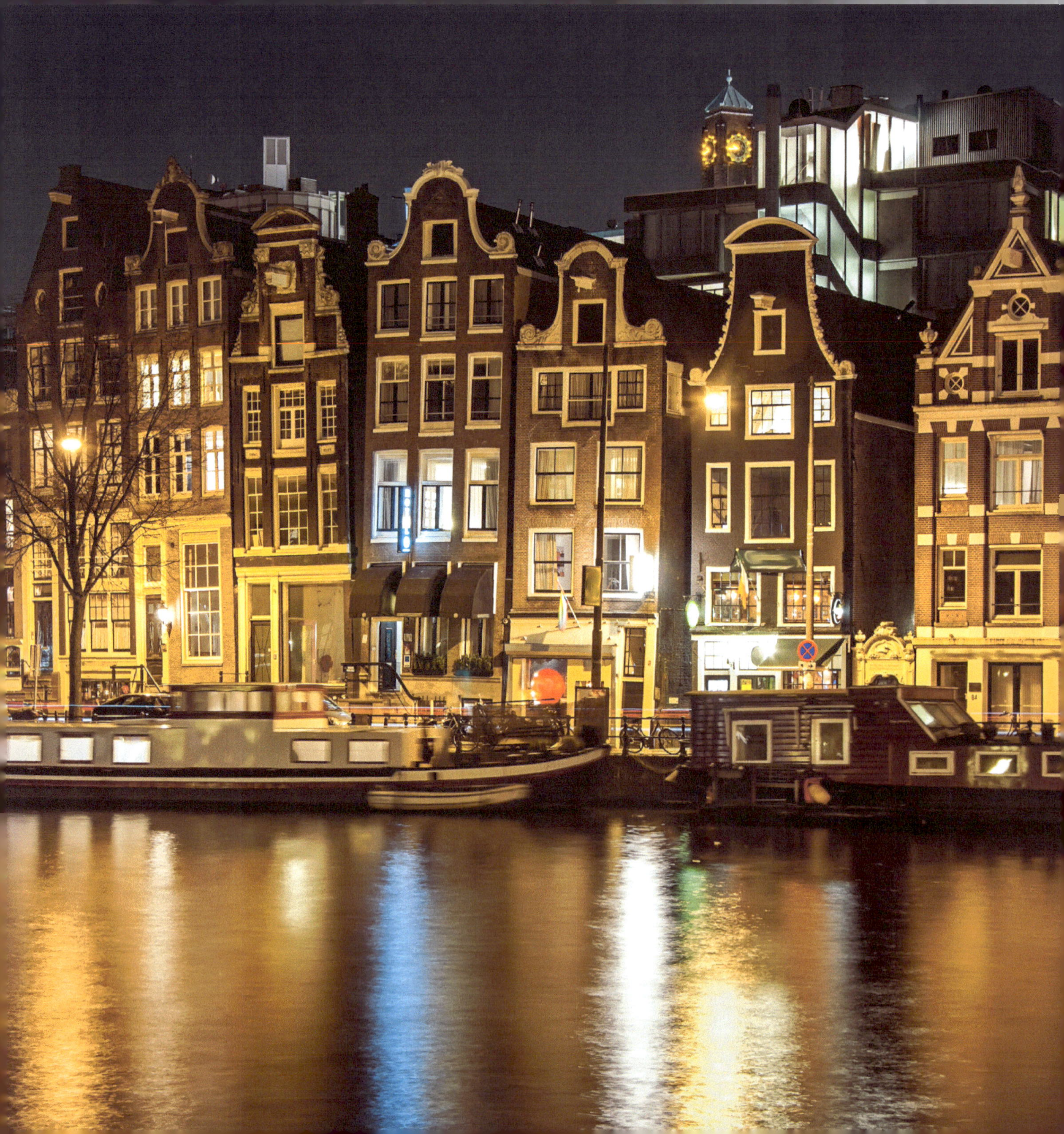

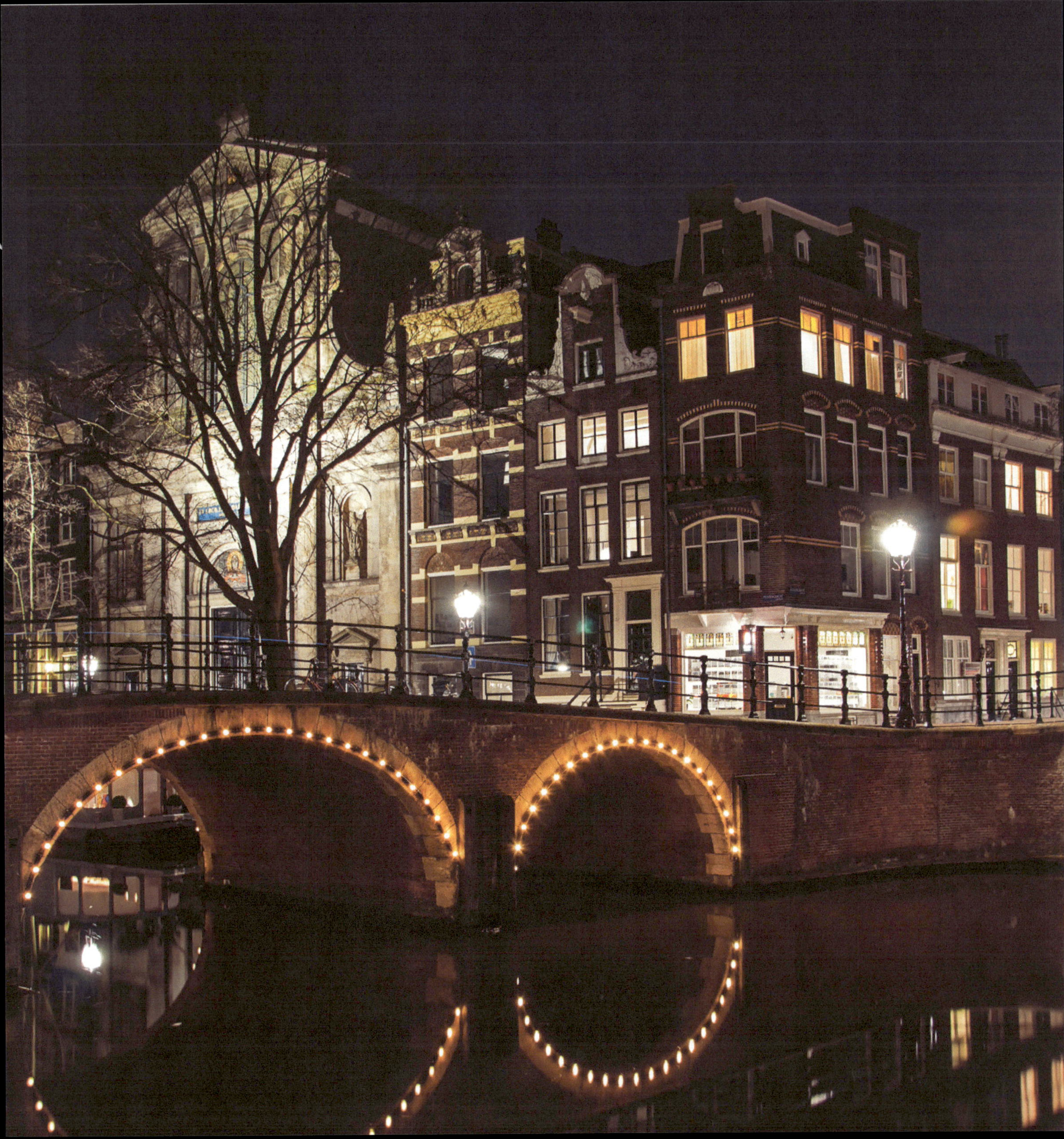

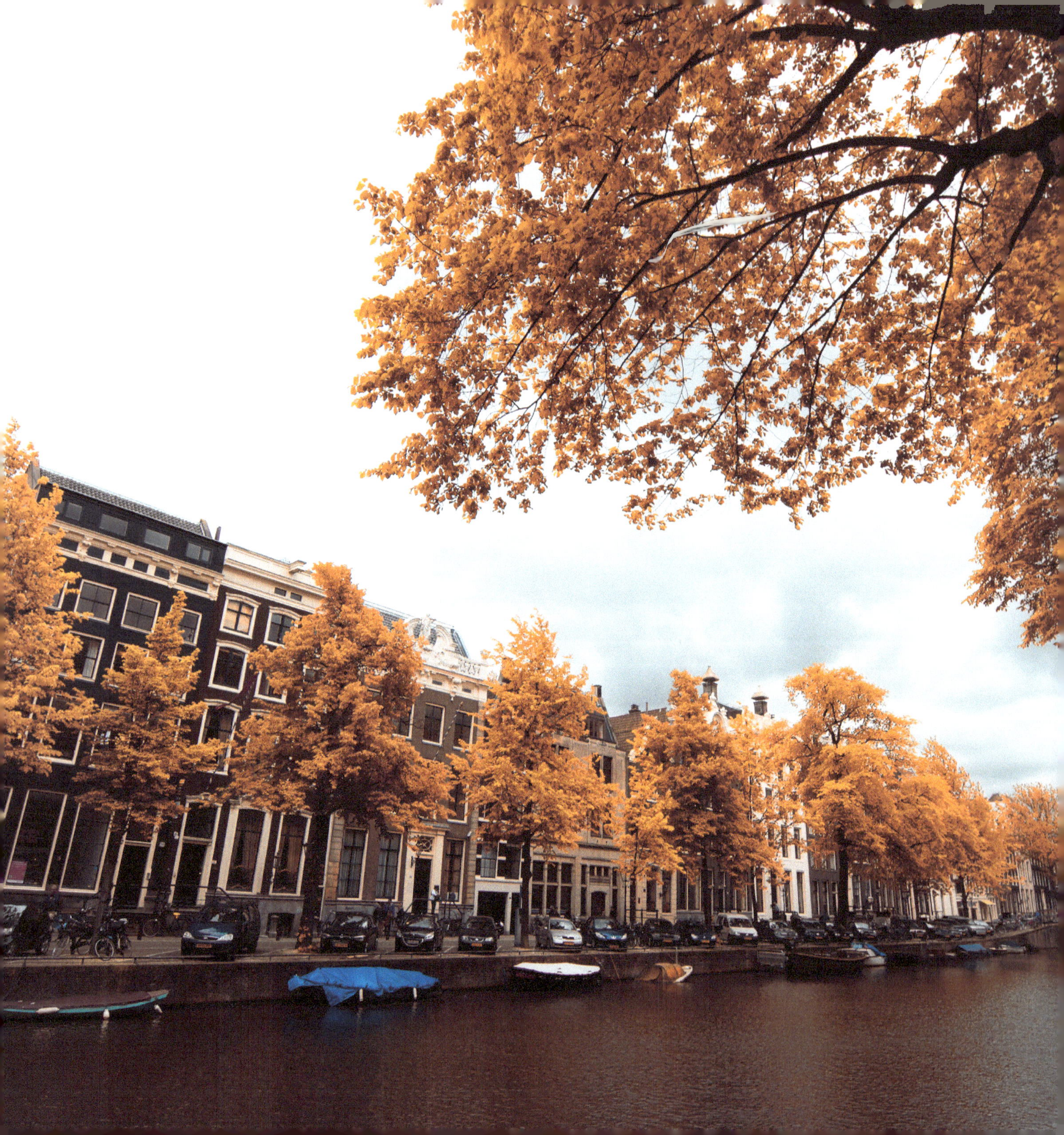

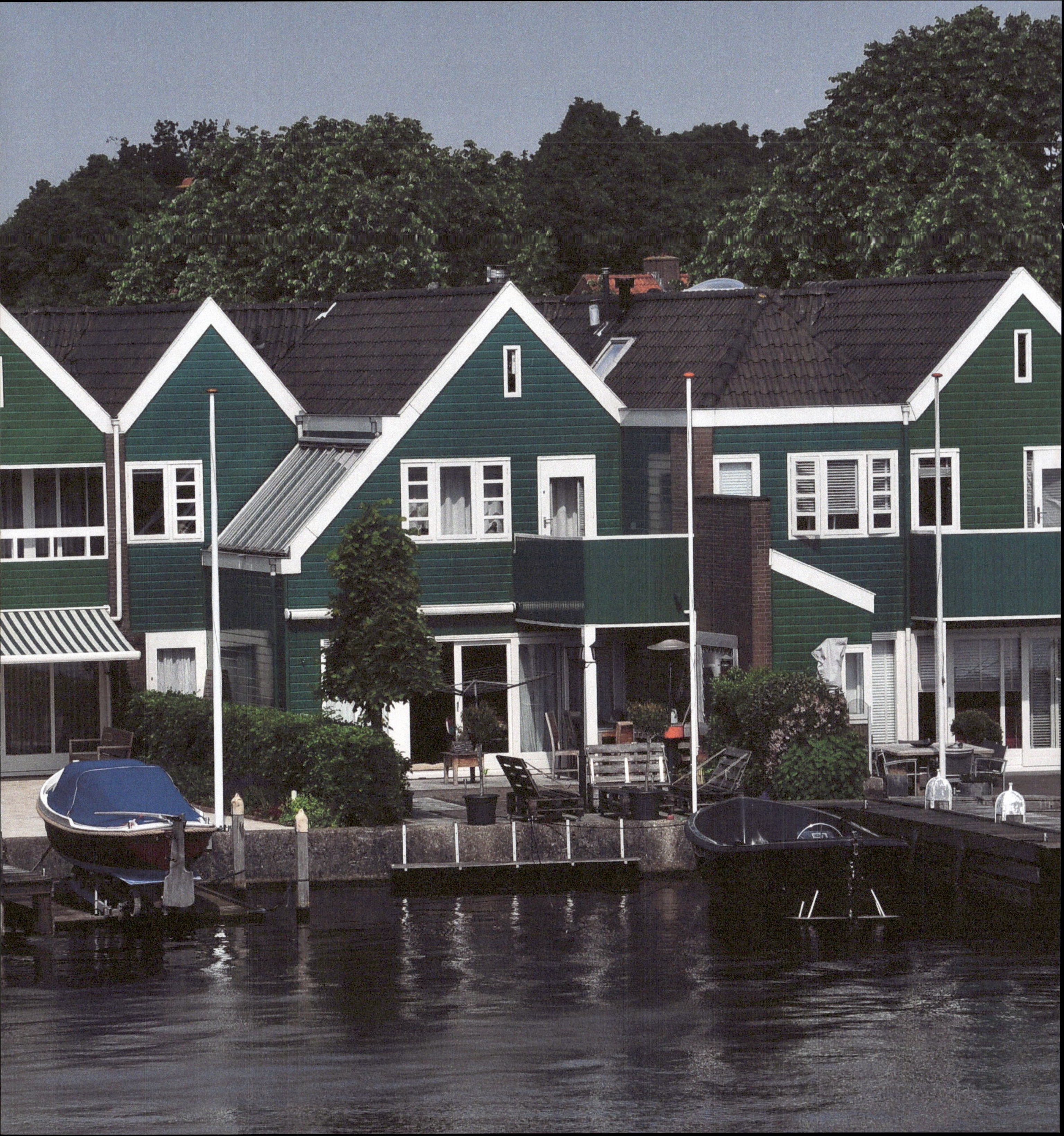

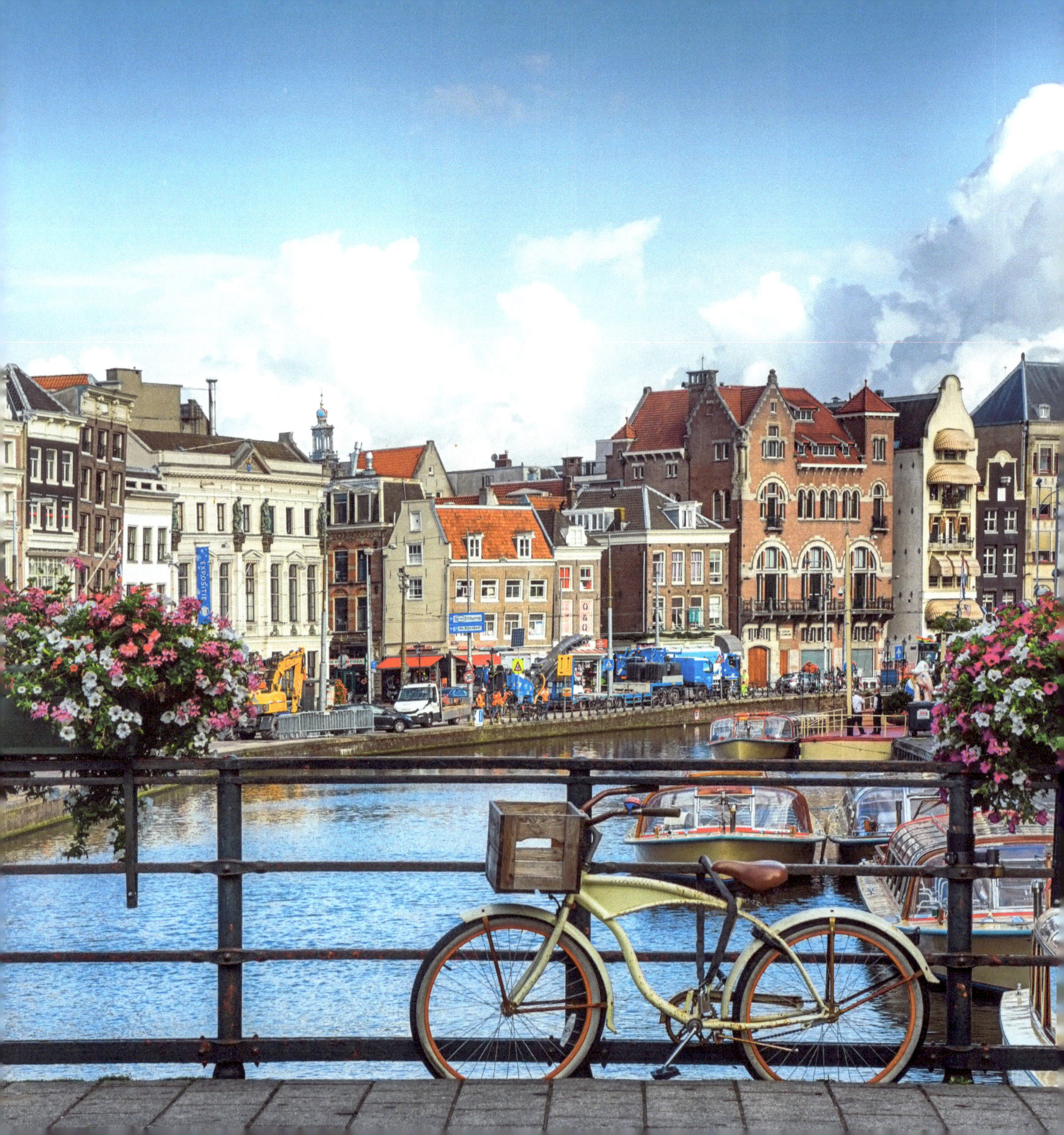
EXPOSITIE

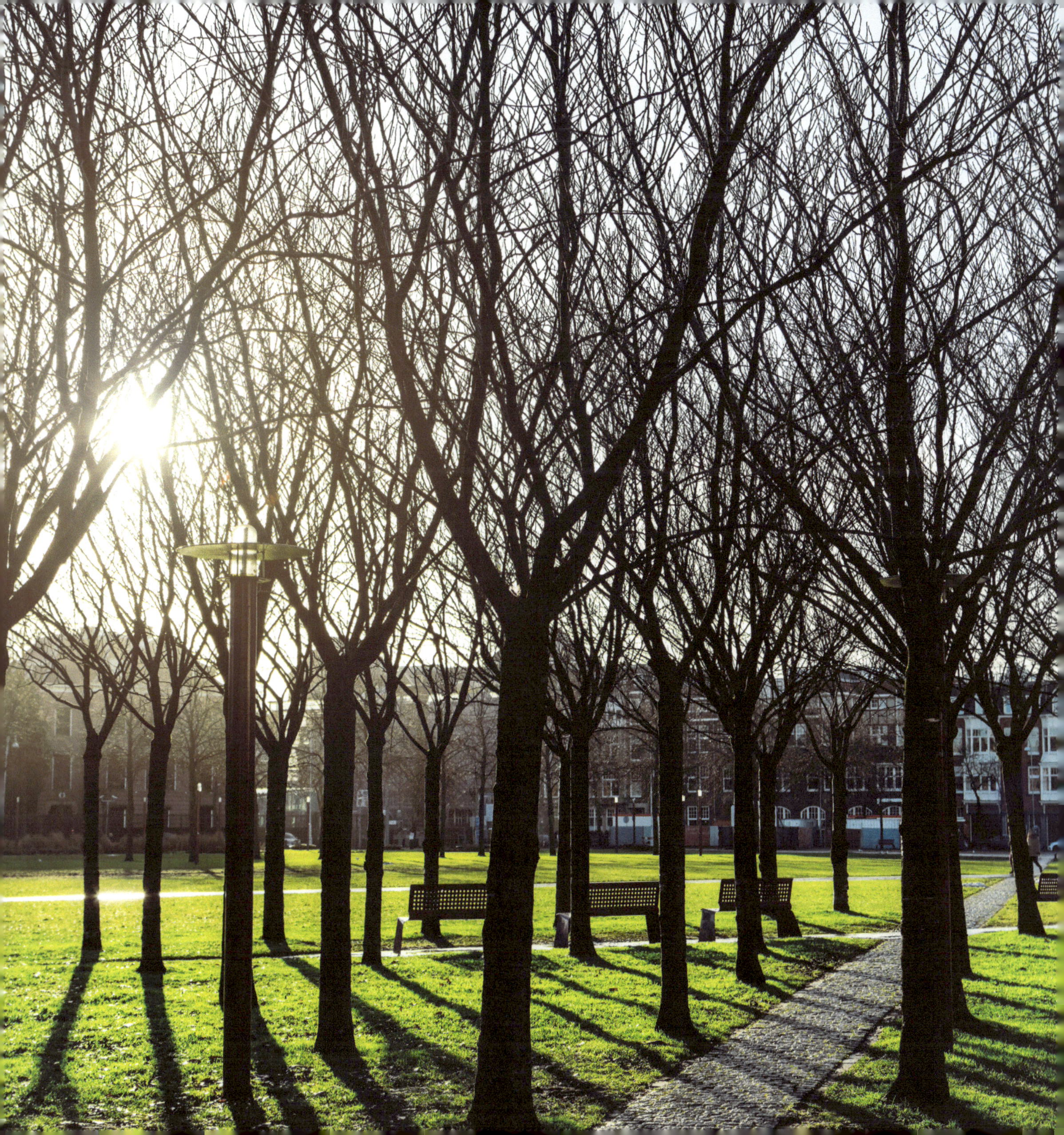

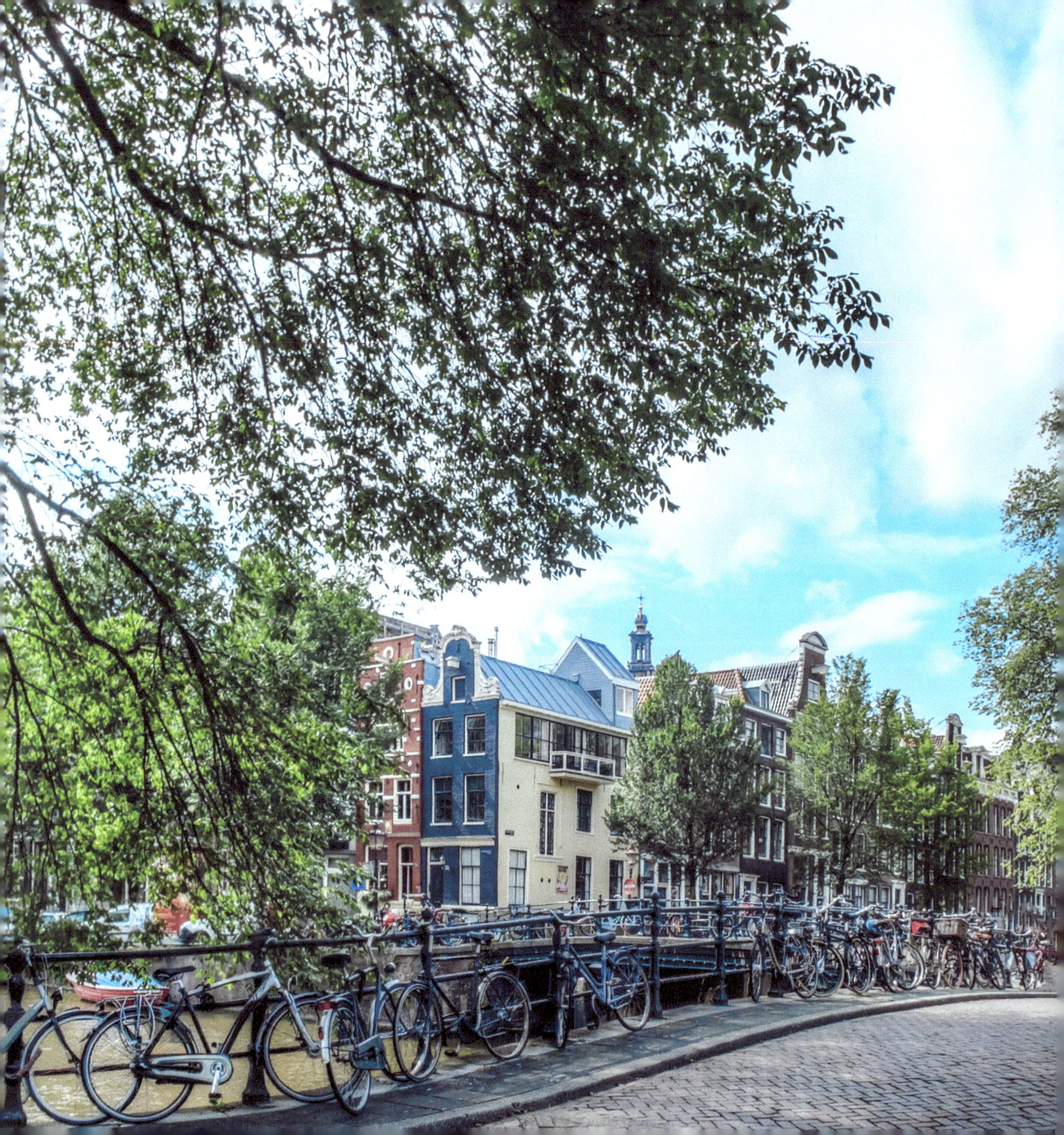

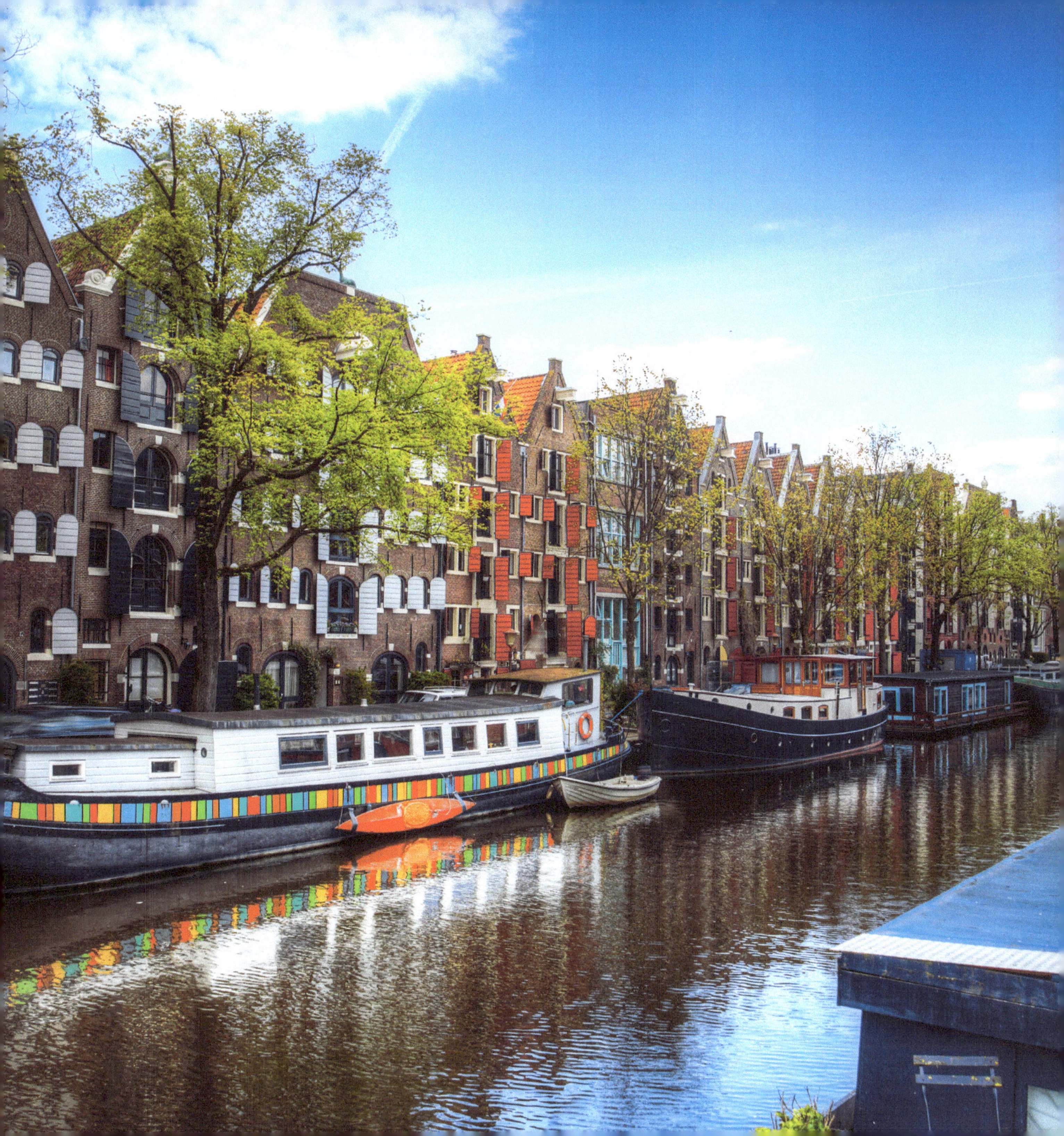

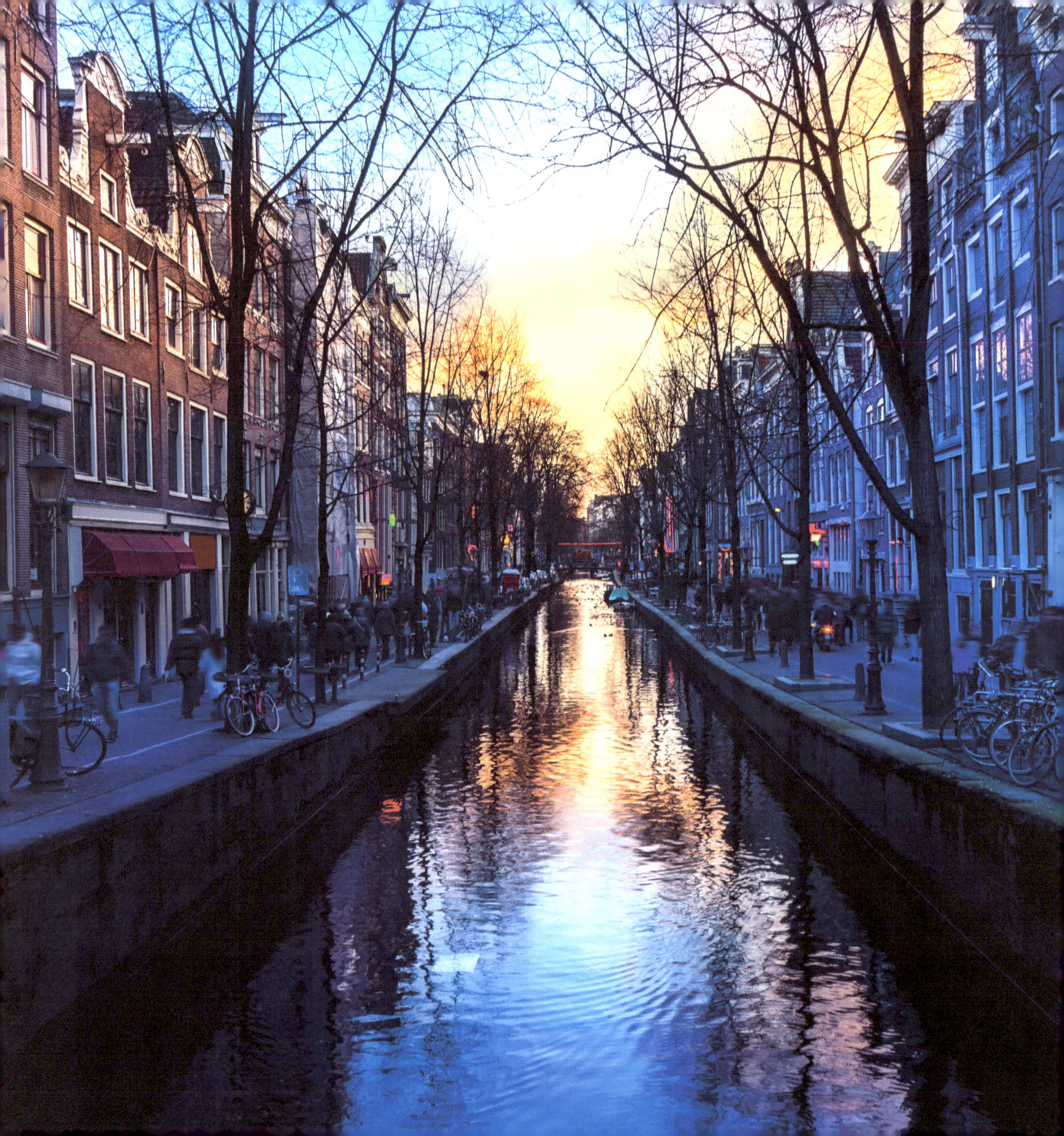

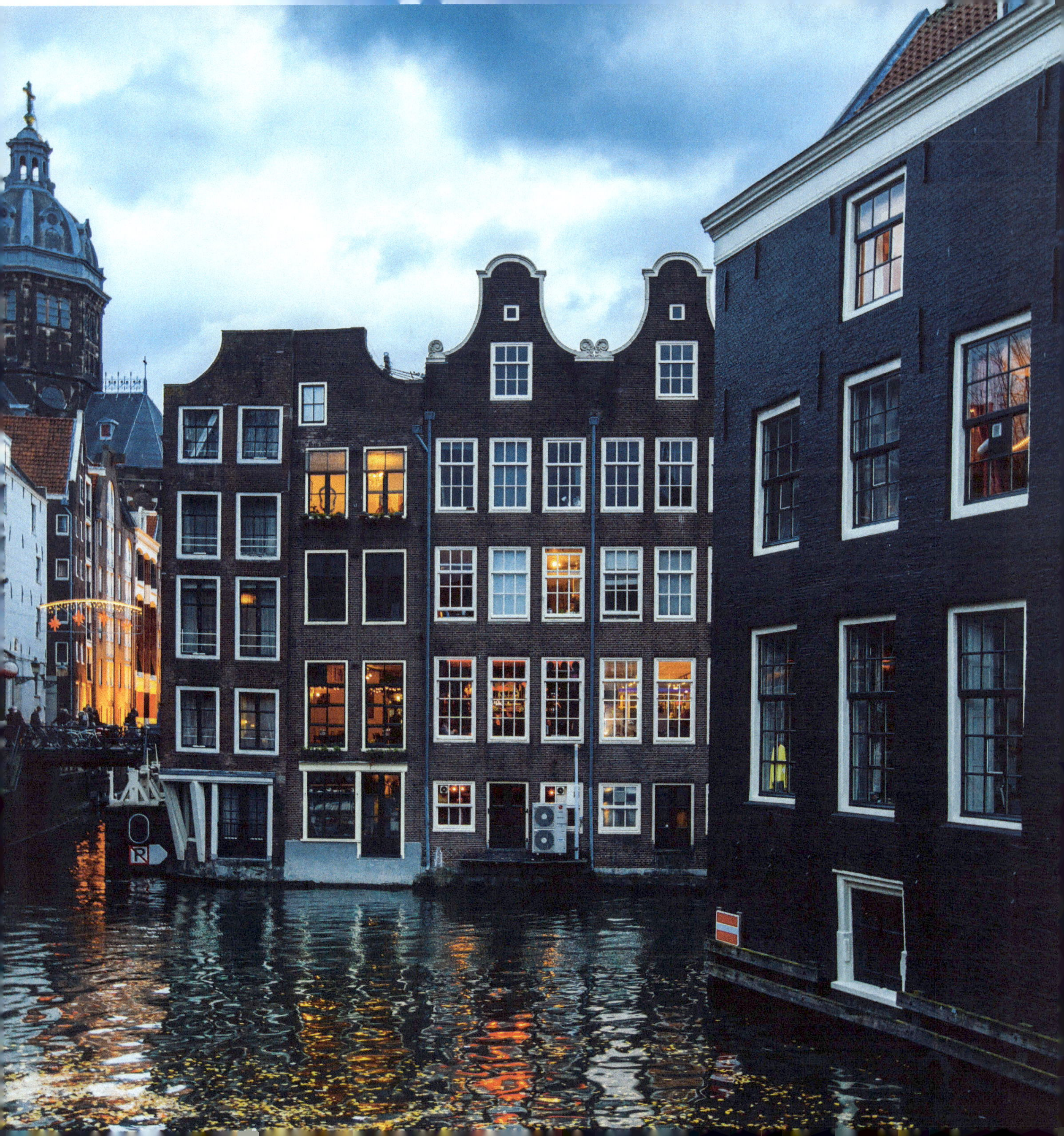

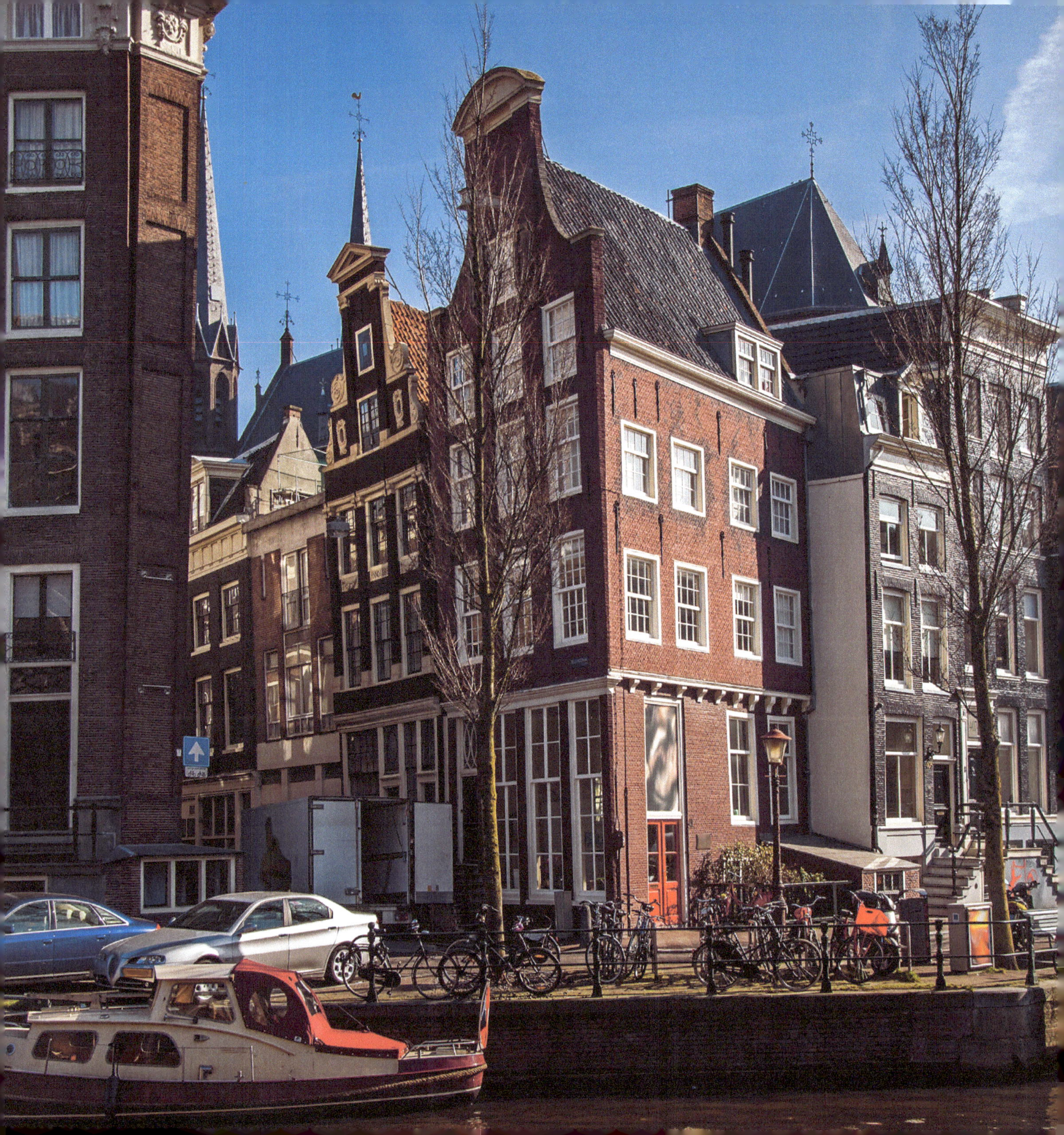

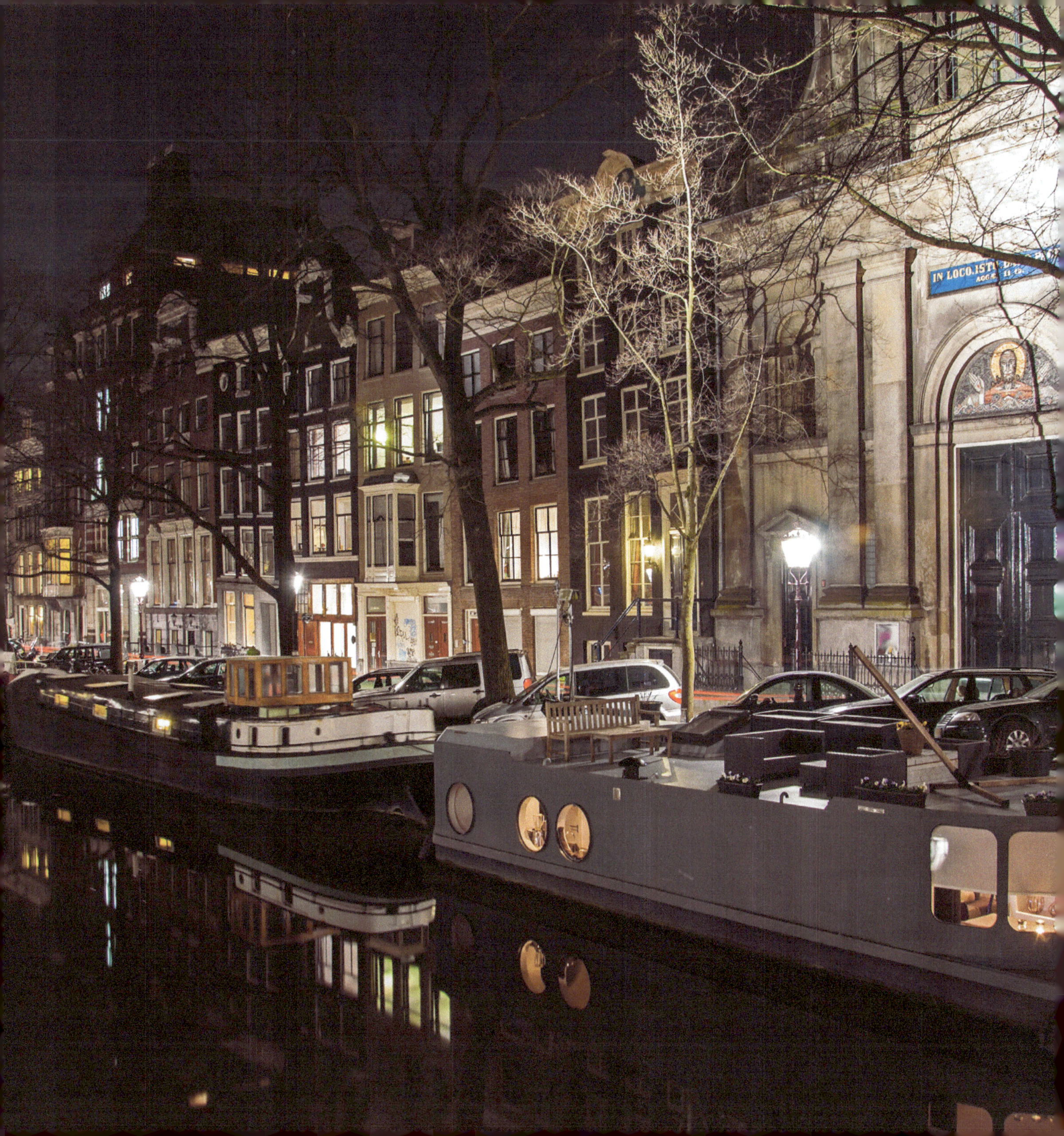
IN LOCO.ISTO

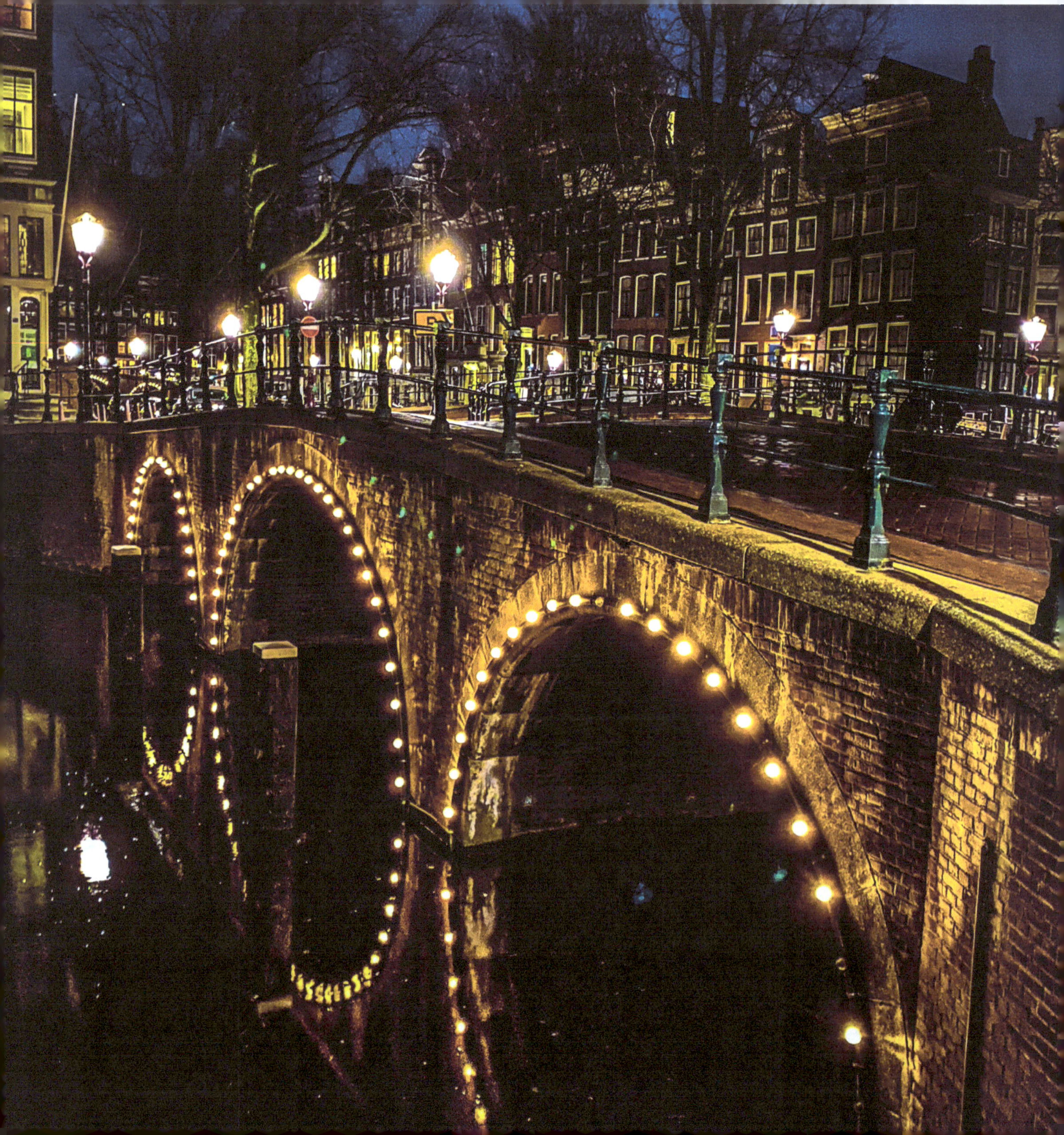

www.ingramcontent.com/pod-product-compliance
Lightning Source LLC
Chambersburg PA
CBHW040416220526
45473CB00004B/1264
9798421577980